Management

Bibliothek

Don Shula
Ken Blanchard

Coaching

Erfolgsgeheimnisse aus Topmanagement und Spitzensport

Die Deutsche Bibliothek – CIP-Einheitsaufnahme

Blanchard, Ken:
Coaching: Erfolgsgeheimnisse aus Topmanagement und Spitzensport / Ken Blanchard [Aus dem Amerikanischen von Susanne Fütterer]. – Wien/Frankfurt : Wirtschaftsverlag Ueberreuter, 2000
(Management-Bibliothek)
ISBN 3-7064-0708-6
NE: Shula, Don

S 0589 2 3 / 2002 2001 2000

Sonderausgabe Management-Bibliothek
Die deutschsprachige Erstausgabe erschien 1996 unter dem Titel „Talent zum Coach hat jeder!“
Übersetzung aus dem Amerikanischen: Susanne Fütterer
Originaltitel: „Everyone's a Coach“, erschienen bei Harper Business, New York, und Zondervan Publishing House, Michigan

Umschlag: INIT, Büro für Gestaltung
Printed in Austria

INHALT

DANKSAGUNG

UNSER BESONDERER DANK GILT

Charlie Morgan, der die Möglichkeiten, die in unserer Partnerschaft lagen, erkannte und nicht lockerließ, bis wir uns zusammensetzten und dieses Projekt in Angriff nahmen. Er unterstützte uns, wo er nur konnte. Charlie steht als treibende Kraft hinter diesem Buch.

Ferner danken wir *Jim Ballard* für seine Hilfe beim Verfassen des Textes und für sein Engagement. Nach einem ersten Entwurf verfaßte er zusammen mit Ken das Manuskript. Ein Arbeitstag von acht bis zehn Stunden war keine Seltenheit. Jim ist nicht nur ein ausgezeichneter Autor, sondern auch ein einfühlsamer und verständnisvoller Mensch. Dieses Buch hat durch seine Mitarbeit und Führung an Qualität gewonnen.

EIN DANKESCHÖN RICHTEN WIR AUCH AN

Margret McBride, unsere Literarische Agentin, die von Anfang an hinter dem Projekt stand und den Verlag Harper Business/Zondervan dafür begeistern konnte. Margret hatte für uns immer ein aufmunterndes Lächeln parat oder eine gute Idee, und sie war stets bereit, sich unserer Sache anzunehmen und sie voranzutreiben.

Lyn Cryderman von Zondervan und *Adrian Zackheim* von Harper Business, unseren Lektoren, danken wir dafür, daß sie an uns und unser Projekt glaubten. Ihre einsichtsvollen Argumente und Hinweise haben das Manuskript von Mal zu Mal verbessert!

Und schließlich danken wir *Eleanor Terndrup,* die seit mehr als 15 Jahren Kens Manuskripte abschreibt und betreut. Sie war immer da, wenn Ken und Jim sie brauchten – unterstützt von *David Witt,* einem Allroundtalent, der bereitwillig einsprang, wenn Not am Mann war.

Scott DeGarmo, Verleger von Success, und *Lisa Berkowitz,* PR-Managerin von Harper Business, schulden wir Dank für ihr Vertrauen in das Buch und die Organisation einiger großartiger PR-Veranstaltungen.

Dana Kyle, Harry Paul und *Pete Psichogios,* Kens strategischem Team, danken wir für Planung sowie strategische und organisatorische Maßnahmen, die für die Herausgabe des Buches notwendig waren, und *Peggy Stanton, Lou Sahadi* sowie den Sportredakteuren des Miami Herald, talentierten Autoren, die durch ihre Beiträge über Don Shula und seine Football-Philosophie wertvolle Informationen beisteuerten.

Last, not least gehört unser Dank P*aul Hersey, Spencer Johnson, Robert Lorber* und *Norman Vincent Peale,* ehemaligen Coautoren von Blanchard, sowie *Gerald Nelson,* dem Vater des »One Minute Scolding«, der Ken Blanchards Denken maßgeblich beeinflußt und viele der hier vorgestellten Konzepte wesentlich geprägt hat.

EINLEITUNG

■ SHULA

Football hat mein Leben bestimmt, solange ich zurückdenken kann. Ich liebe Football, den Wettkampf und die Arbeit im Team. Als meine Schulkollegen ins Wirtschaftsleben eintraten, um dort Karriere zu machen, blieb ich dem Football treu. Zuerst als Spieler und dann als Trainer. In den letzten 40 Jahren habe ich mit einer geradezu unübersehbaren Vielzahl an Spielern gespielt bzw. sie gecoacht. Viele von ihnen sind heute im Ruhestand und genießen ein weit beschaulicheres Leben als ich. Es gab gute und schlechte Zeiten, aber rückblickend würde ich mit niemandem in der Welt tauschen wollen.

Der Sport hat sich in all den Jahren kaum verändert. Heute gibt es ausgefeiltere Angriffs- und Verteidigungsstrategien, Special Teams, Krafttraining und bessere Trainingsmöglichkeiten. Doch das Ziel ist immer noch dasselbe: ein gutes Team auf den Platz zu schicken und das Spiel zu gewinnen. Klingt einfach, nicht? Seit mehr als 30 Jahren ist das mein Leben. Ich kremple jeden Tag die Ärmel hoch und versuche das Beste aus meinem Team herauszuholen. Jede Woche verläuft genau so wie die vorangegangene. Nur die Gesichter und Trikots ändern sich – und der Spielplan.

Die wenigsten unter meinen Lesern werden Football-Coach sein oder es je werden. Doch ganz gleich, ob Sie Lehrer, Komitee-Vorsitzender, Verkaufsmanager, Chorleiter, Sporttrainer einer unteren Liga oder Offizier sind: Sie können Ihre Führungskompetenz in punkto Mitarbeitermotivation verbessern. Die Regeln, nach denen ich mich in den letzten drei Jahrzehnten als Coach der Miami Dolphins und der Baltimore Colts erfolgreich gerichtet habe, werden Ihnen dabei helfen.

Im Lauf der Jahre habe ich mich darauf konzentriert, Spielern und Trainern zu helfen. Ich hatte nie daran gedacht, mein Wissen und meine Erfahrung weiterzugeben (außer vielleicht an meine engsten Mitarbeiter). Doch als ich Ken Blanchard traf und wir über ein gemeinsames Projekt sprachen, das Führungskräften, Trainern, Lehrern oder Eltern – jedem, der sich in einer Führungsposition befindet – bei der Bewältigung ihrer Aufgabe Hilfestellung bieten könnte, erschien mir dies sinnvoll. Natürlich sind Football und Wirtschaft verschiedene Gebiete, aber heutzutage müssen Geschäftsleute Aufgaben bewältigen, die sich von den meinen nicht mehr so sehr unterscheiden. Der Wettbewerb ist hart. Die strategischen Anforderungen ähneln einander: Es geht darum, sich von den anderen positiv abzuheben und dies zum eigenen Vorteil zu nutzen. Dann sind da die Menschen, die mit ihren Fähigkeiten und Talenten zu Ihnen kommen; Ihr Job ist es nun, sie auszubilden, ihnen Selbstdisziplin beizubringen und sie zu motivieren, damit sie bessere Leistungen erbringen, als sie es ohne Ihre Unterstützung könnten.

Letztendlich hängt Erfolg, gleichgültig ob im Sport oder in der Wirtschaft, nicht von Tricks ab oder davon, daß man jede Woche eine neue Strategie verwendet. Ihre Konkurrenten haben zu den gleichen Informationen Zugang wie Sie. Wie also können Sie im Wettkampf siegen? Im Grunde kommt es auf Ihre Fähigkeit an, Leute zu harter Arbeit und Teamgeist zu motivieren. Mit einem Wort, auf das Coaching.

Was macht einen guten Trainer aus? Diese Frage wurde mir oft gestellt. In diesem Buch will ich sie beantworten.

Natürlich kann ein Buch nie das ersetzen, was für den eigentlichen Erfolg ausschlaggebend ist – Begeisterung und Engagement für die Sache. Wie diese Begeisterung entsteht, dieser permanente, unerschütterliche Wunsch zu siegen? Ich weiß es nicht. Doch vorausgesetzt, er ist vorhanden, dann vermittelt Ihnen dieses Buch einige wertvolle Methoden, um die Spitze zu erreichen.

Miami, Frühjahr 1995

■ BLANCHARD

Mein Leben dreht sich nicht um Football, sondern um Leadership, um Führungskompetenz. In den letzten dreißig Jahren hatte ich als Trainer von Führungskräften und Managern Gelegenheit, Menschen genau zu betrachten und die Voraussetzungen zu studieren, die zu effizientem Handeln innerhalb eines Unternehmens führen. Als Coautor des Buches »Der 1-Minuten-Manager« war ich von der positiven Reaktion der Führungskräfte auf die einfachen und direkten Methoden der fiktiven Hauptperson überrascht. Damals fing ich an, nach einfachen Regeln zu suchen, die Managern und Führungskräften die Bewältigung ihrer Aufgaben erleichtern konnten. Aus diesem Grund faszinierte mich auch Don Shula, als ich ihn im Frühjahr 1992 im Trainingslager der Dolphins kennenlernte. Don beeindruckte mich als ein Mensch, der so intensiv auf eine Sache konzentriert war wie kein anderer, dem ich je begegnet war. Als ich sein Büro betrat, begrüßte er mich mit folgenden Worten: »Es freut mich, Sie kennenzulernen. Leider habe ich nur zehn Minuten Zeit.« Ich wußte sofort, daß ich einen 1-Minuten-Manager vor mir hatte.

Unser Gespräch dauerte dann zwar eine Stunde, aber da

in fünf Tagen Collegeauswahlen stattfanden, waren Shulas Gedanken natürlich bei seinem Team und bei der Auswahl der Spieler, die sie brauchen würden, um in der nächsten Saison erfolgreich zu bleiben. Doch dieses Treffen weckte mein Interesse an Shula und den Miami Dolphins. Ich fragte mich:

- Was geht in diesem Mann vor?
- Was treibt ihn dazu, Jahr für Jahr als Coach zu arbeiten, während andere in seinem Job sich verbrauchen und aufhören.
- Was ist das Geheimnis seines persönlichen Spielplans, das ihn 30 Jahre lang in einer ständig im Umbruch befindlichen Football-Liga so erfolgreich sein läßt?
- Wie könnte man die Regeln, denen er folgt, weitergeben, damit auch andere ihrem Team oder ihrem Unternehmen zum Erfolg verhelfen können?

Die letzte Frage beschäftigte mich am meisten. Führungskräfte kommen und gehen. Es gibt nicht viele, die in ihren Unternehmen in einem derart leistungsintensiven, streßbetonten Umfeld über einen längeren Zeitraum erfolgreich gewesen sind. Don Shula ist dies irgendwie gelungen. Auf die oben erwähnten Fragen versuchte ich durch Gespräche mit Don, Besuche im Trainingslager der Dolphins und durch Interviews mit Spielern, Trainern und Schiedsrichtern, die Don kannten und mit ihm gearbeitet hatten, eine Antwort zu finden. Als ich meine Aufzeichnungen zusammenstellte und Möglichkeiten entwickelte, um Shulas Coaching-Prinzipien im Geschäftsleben anzuwenden, kam ich zu dem Schluß, daß Unternehmen immer häufiger denselben Anforderungen entsprechen müssen wie Shula und andere Football-Coaches der Spitzenklasse.

Zwischen 1945 und 1980 gab es für die amerikanische

Wirtschaft keinen Wettbewerb, weder auf dem nationalen noch auf dem internationalen Markt. Auch wenn eine Führungskraft oder eine ganze Abteilung versagte, blieb das Unternehmen – ob Schule, Militär oder Regierung – weiterhin im Geschäft. Solange ein Mitarbeiter loyal war, konnte er mit einem sicheren Arbeitsplatz rechnen.

Anfang 1980 änderte sich das, und 1990 hat die Wirtschaft mit Football mehr gemein denn je – ganz besonders was die ständige Leistungskontrolle angeht. Vor kurzem hörte ich einen Manager, der seit 22 Jahren für sein Unternehmen arbeitete, folgendes sagen: »Eigentlich müßte ich sagen, daß ich für mein Unternehmen seit 99 Quartalen arbeite. So wie die Dinge liegen, wird es bald 22 mal 52 Wochen heißen. Unternehmen stehen heutzutage fast jede Woche unter Beschuß.« Heute gibt es keine Sicherheiten. Wenn sich Ihr Unternehmen nicht um seine Kunden kümmert und gute Leistungen erbringt, wird es jemand anderer tun. Man wird förmlich dazu gezwungen, sein Bestes zu geben. Der Bedarf nach gutem Coaching war nie größer. Jeder ist auf die eine oder andere Weise ein Coach – Sie auch. Egal, ob Sie nun offiziell damit beauftragt sind oder nicht: Es gibt da draußen Menschen, die Ihre Hilfe brauchen.

Dieses Buch richtet sich an jeden, dessen Position Führungskompetenz im weitesten Sinn erfordert. Gleichgültig, wie gut Ihre Führungsqualitäten sind, sie lassen sich immer noch verbessern. Don und ich haben dieses Buch gemeinsam geschrieben. Zuerst wird er sein Erfolgsgeheimnis aus der Sicht des Coach beschreiben. Dann werde ich versuchen, seine Regeln auf Ihren Berufsalltag zu übertragen. Also schnappen Sie sich die Trillerpfeife und einen Notizblock, und ab aufs Spielfeld!

San Diego, Frühjahr 1995

Als ich 1970 die Dolphins übernahm, wollten die Journalisten von mir wissen, wie mein Plan für die nächsten drei oder fünf Jahre aussehen würde. Ich antwortete, daß ich nur von einem Tag zum nächsten plane.

■ Don SHULA

■ SHULA

Ich hatte mir nie vorgenommen, George Halas' Coaching-Rekord von 324 Siegen zu brechen. Natürlich war ich stolz, als es mir in der Saison 1993 gelang, aber in Wahrheit kümmere ich mich nicht um Gesamtergebnisse. Sie sind lediglich ein Nebenprodukt harter Arbeit – des Bestrebens, jeden Tag, jede Woche und jedes Jahr sein Bestes zu geben.

So habe ich es immer gehalten. Von dem Moment an, als ich begann, die Dolphins zu trainieren, hatte ich einen sehr genauen Tagesplan. Ich wollte sichergehen, daß wir aus jedem Meeting etwas lernten und nach jedem Training psychisch und physisch ein bißchen besser auf das Spiel vorbereitet waren. Ich wollte aus jedem Meeting, jedem Training und jedem Spiel der Vorsaison das Beste herausholen, um auf die Saison vorbereitet zu sein.

Meine Ziele sind über die Jahre dieselben geblieben. An erster Stelle gilt es, in die Ausscheidungsspiele zu kommen. Als zweites, diese zu gewinnen, und als letztes den Superbowl, der symbolhaft für die Weltmeisterschaft steht, nach Hause zu holen. Am liebsten würde ich jedes Spiel gewinnen. Daran wagte niemand zu denken, als ich 1970 die Dolphins übernahm. Unsere erste Vorsaison wurde durch einen Streik verkürzt. Als wir schließlich mit dem Training beginnen konnten, präsentierte ich der Mannschaft einen Trainingsplan, in dem jede freie Minute zur Vorbereitung auf die Saison genutzt wurde. Wir absolvierten vier Trainingseinheiten nach folgendem Zeitplan:

7.00 Uhr	1. Trainingseinheit: Arbeit mit Special Teams und Kickspiel
7.45 Uhr	Frühstück
9.00 Uhr	Besprechung der 1. Trainingseinheit

10.00 Uhr	2. Trainingseinheit: Lauftraining – offensiv und defensiv
11.30 Uhr	Mittagessen
15.00 Uhr	Besprechung des Nachmittagstrainings
15.30 Uhr	3. Trainingseinheit: Paßspiel – defensiv und offensiv
18.00 Uhr	Abendessen
19.30 Uhr	4. Trainingseinheit: Training bis zum Einbruch der Dunkelheit, um Fehler zu korrigieren
21.30 Uhr	Besprechung
22.30 Uhr	Ende

Meine Spieler konnten gar nicht fassen, was da von ihnen verlangt wurde. Sie stöhnten und ächzten. »Vier Trainingseinheiten pro Tag. Das gab es ja noch nie. Will er uns umbringen?« Aber es gab auch ein paar Lacher: »Wir ziehen uns ständig aus und an. Sind wir Footballspieler oder Stripper?«

Als wir in der Vorsaison unser erstes Spiel gewannen, verstummte das Stöhnen allmählich. Nachdem wir noch ein paar Spiele der Vorsaison gewonnen hatten, schrieben alle dies der harten Arbeit zu, die wir geleistet hatten. Das, worüber sie sich am Anfang am meisten beschwert hatten, sahen sie jetzt als Grund für den Erfolg des Teams. Wir gewannen in der Vorsaison zehn weitere Spiele und kamen so in den Superbowl der nächsten Saison.

Unser Erfolg kam durch den Willen und das Engagement, Trainingsmethoden mit einem klaren Ziel zu entwickeln: Wir wollten alle Spiele gewinnen. Meine Aufgabe besteht darin, die Spieler soweit zu bringen, daß sie im Rahmen ihrer Möglichkeiten ihr Bestes geben. Und dies Schritt für Schritt.

■ BLANCHARD

Heute haben die führenden Unternehmen eines gemeinsam: Sie sind ständig bestrebt, ihre Leistung zu steigern. Sie glauben, daß sie morgen besser sein werden als gestern, nächste Woche besser als letzte Woche, nächsten Monat besser als letzten Monat, nächstes Jahr besser als letztes Jahr. Um das zu erreichen, müssen Sie den Widerstand und die Trägheit Ihrer Mitarbeiter überwinden. Die wenigsten lassen sich gerne antreiben, aber es muß sein. Ich habe das von Don Shula gelernt, der – wie Norman Vincent Peale – genau zum richtigen Zeitpunkt in mein Leben trat. Vincent Peale tauchte auf, als ich mit mir selbst im unreinen war. Meine Persönlichkeit wurde weitgehend während der zwei Jahre geprägt, die ich mit Vincent an unserem Buch »Die Kraft positiven Führens« arbeitete. In den letzten Jahren habe ich damit begonnen, mein eigenes Verhalten als Unternehmensführer zu hinterfragen. In den fünfzehn Jahren, die unser Unternehmen, Blanchard Training and Development, Inc. (BTD), besteht, entwickelte es sich von einem Familienbetrieb, bestehend aus meiner Frau, mir und einigen Trainern, zu einem internationalen Unternehmen, das Schulungsmaterialien herstellt und vertreibt sowie Unternehmensberatungen durchführt. Das Unternehmen wuchs zwar schnell, aber auch wieder nicht zu schnell. Unter diesen Umständen fiel es mir leicht, die Rolle des sympathischen Chefs zu spielen, der es jedem recht macht. Doch plötzlich wurden wir, wie jedes andere Unternehmen, mit einem veränderten Umfeld konfrontiert. Wir wurden aus der gemütlichen Ecke herausgedrängt. Was sollten wir tun? Da trat Don Shula auf den Plan.

Zu Beginn meiner Zusammenarbeit mit Don Shula konzentrierte ich mich auf das Sammeln von Anekdoten, das Erstellen eines groben Umrisses, das Schreiben und Bearbeiten des Manuskripts. Ich bemerkte, wie sich Shulas Energie langsam auf mich übertrug. Seine Genauigkeit im Detail, sein Engagement für die Sache und sein Ehrgeiz, aus seinem Team das Beste herauszuholen, sprachen mich an. Wer heute im Wettbewerb bestehen und zu den Besten gehören will, muß sich und andere unaufhörlich zu Spitzenleistungen antreiben. Bei einem Meeting unseres Unternehmens waren meine Mitarbeiter überrascht (aber trotzdem begeistert), als ich die Äußerung tat: »Wenn du nicht arbeiten willst, mußt du gehen!« Ich zeigte dabei auf mich, um auszudrücken: Das gilt sogar für mich! Ich kündigte das »neue BTD« an, in dem der Kundendienst so weit zu verbessern war, daß wir im Bereich der Personalentwicklung den Superbowl gewinnen würden. Ich erklärte meinen Mitarbeitern, dies könne nicht von heute auf morgen geschehen. Wir müßten jeden Tag, jede Woche, jedes Jahr daran arbeiten – klingt bekannt, oder?

Nicht alle waren von meiner Mitteilung begeistert. Aber haben Sie nicht ähnliche Erfahrungen gemacht, wenn Sie versuchten, Kindern Grenzen zu setzen oder sie dazu zu bewegen, Ihre Anweisungen zu befolgen? Wenn sie zu harter Arbeit angehalten werden oder etwas tun sollen, wozu sie keine Lust haben, sind sie erfahrungsgemäß davon nicht besonders begeistert. Die meisten Kinder sehen jedoch später ein, daß dies zu ihrem Besten geschah und ihnen für ihr späteres Leben genutzt hat. Ich habe mich kürzlich mit meiner Mutter über die Zeit unterhalten, als meine Schwester Sandy und ich Teenager waren und sie von uns verlangte, sich nach ihren Maßstäben und Werten zu richten. (Meine Mutter ist heute 91 Jahre alt und aktiv wie eh und je). Manchmal, wenn Sie uns nicht erlaubte, auszugehen, begannen wir zu jammern: »Warum wir nicht, alle anderen dürfen doch?« Sie antwortete dann gewöhnlich: »Weil sie nicht Blanchard heißen.«

Die Dolphins haben schnell erkannt, daß ihr Coach Don Shula heißt und eine wichtige Erkenntnis weiterzugeben hat: Wenn du nicht jede wie immer geartete Nachlässigkeit unterbindest und dein Team nicht permanent zu besseren Leistungen anspornst, dann wird Nachlässigkeit zur Gewohnheit. Und wenn dies einmal geschehen ist, läßt sich das Team im eintscheidenden Moment nur sehr schwer zu einer Steigerung seiner Leistungen motivieren. Oder können Sie sich etwa vorstellen, daß die Dolphins sagen: »Warum müssen wir so hart trainieren? Das Team am Tabellenschluß trainiert ja auch nicht so hart!« Wie Shula sagt, der beste Weg zur kontinuierlichen Leistungssteigerung ist permanentes, hartes Training.

Shula erbringt seit 30 Jahren Spitzenleistungen, dafür muß man ihn respektieren. Das kommt nicht von ungefähr. Es wäre naiv, das zu glauben.

■ Joe GREENE,
Defensive Line Coach,
Miami Dolphins;
Hall of Fame Player,
Pittsburgh Steelers

DURCH COACHING ZUM ERFOLG

Da sie nun schon einige der Geheimnisse Don Shulas kennen, wollen wir Ihnen zeigen, wie Sie diese Geheimnisse in Ihrem täglichen Leben umsetzen können. Jeder der folgenden Begriffe steht für eines der fünf Geheimrezepte erfolgreichen Coachings. Sie beruhen auf den Regeln, die Don Shula dreißig Jahre lang praktiziert und Ken Blanchard dreißig Jahre lang gelehrt hat.

- **Überzeugung**
  Gute Führungskräfte stehen zu ihren Prinzipien.
- **Overlearning**
  Gute Führungskräfte unterstützen ihre Teams dabei, Spitzenleistungen zu erbringen.
- **Flexibilität**
  Gute Führungskräfte sind wie ihre Mitarbeiter und ihre Teams jederzeit bereit, ihren Kurs zu ändern, wenn die Situation es verlangt.
- **Beständigkeit**
  Gute Führungskräfte sind in ihren Reaktionen auf eine Leistung einschätzbar.
- **Integrität**
  Gute Führungskräfte verfügen über ein hohes Maß an Integrität, und ihr Verhalten ist nachvollziehbar und eindeutig.

ERFOLGSGEHEIMNIS NR. 1

ÜBERZEUGUNG

Wer nach seiner Überzeugung handelt, tut das Richtige aus dem richtigen Grund. Glaube und Überzeugung bilden Grenzen und Richtung, die ein Mensch verlangt und braucht, um gute Leistungen erbringen zu können. Shulas Leadership basiert auf seinem Drang nach Perfektion, auf seiner Einstellung zu Sieg und Niederlage, auf seinem Glauben an die Wirksamkeit eines Leitbildes. Sie basiert darauf, daß er Respekt höher bewertet als Popularität und dem Charakter eines Spielers den gleichen Stellenwert einräumt wie seiner Begabung.

Jeder, der mit den Dolphins zu tun hat, weiß, in welche Richtung es geht und welche Wertvorstellungen den Entscheidungen zugrunde liegen.

■ Ken BLANCHARD

Das Problem mit den meisten Führungskräften ist heutzutage, daß sie nichts haben, wofür sie einstehen. »Leadership« beinhaltet die Bewegung auf ein Ziel zu, und die Überzeugungen, die ein Mensch besitzt, geben dieser Bewegung die entsprechende Richtung. Wer für nichts einsteht, den kann alles zu Fall bringen.

■ Don SHULA

■ SHULA

Jemand hat einmal gesagt, ein Fluß ohne Ufer sei eine Pfütze. Wenn ich diese Redensart auf zwischenmenschliche Beziehungen übertrage, erinnert sie mich an meinen Job. Wie die Ufer zu beiden Seiten den Lauf eines Flusses lenken, so lenkt ein guter Coach die Energie und Konzentration seiner Spieler auf ein gewünschtes Ziel. Ohne diese Führung kann es vorkommen, daß der nötige Schwung fehlt, der eine Gruppe von individuellen Menschen zu Champions macht. Bei meiner Arbeit mit den Miami Dolphins diente unser Training einem Ziel, nämlich jedes Spiel zu gewinnen. Ausnahmslos jede Trainingsstrategie war diesem Ziel untergeordnet. Ein Ziel, das leicht zu erreichen ist, führt zu einer großen Pfütze der Mittelmäßigkeit. Meine Aufgabe als Football-Coach ist es, mein Team dazu zu motivieren, dieses Ziel innerhalb des begrenzten Rahmens unserer Möglichkeiten zu erreichen.

Meiner Meinung nach kann jemand, der nicht nach Perfektion strebt, nie Spitzenleistungen erbringen. Vielleicht vertrete ich diese Meinung auch deshalb, weil ich durch eine NFL-Saison ohne Niederlage die Möglichkeit erhielt, eine solche Meisterleistung zu realisieren: Im Jahre 1972 gewannen die Miami Dolphins jedes Spiel, einschließlich des Superbowls. Das war ein unglaublicher Kick. Sie werden sich fragen, wie man diese Leistung noch steigern kann. Wie man perfekter als perfekt werden kann? Nun, das geht nicht. Aber dadurch wurde ganz sicher ein Standard gesetzt, der den Menschen im Gedächtnis bleiben wird und meinen Teams zur Orientierung dienen soll.

Bei der Beobachtung einer Spitzenmannschaft wird sich der Zuschauer fragen, ob nicht einfach ein größeres Knowhow, gesteigerte Kreativität, bessere Spieler und eine bessere

Taktik der Grund für den Erfolg sind. Ohne die Bedeutung dieser Faktoren herunterspielen zu wollen, würde ich sagen, daß erfolgreiches Coaching eher auf die Überzeugungen des Coaches zurückzuführen ist. Wenn Sie ein guter Coach sein wollen, müssen Sie zuerst auf Ihre innere Stimme hören und wissenschaftliche Theorien vernachlässigen.

Welche Wertvorstellungen haben Sie? Die Beantwortung dieser Frage ist sehr wichtig, denn von ihr hängt – meiner Meinung nach – der langfristige Erfolg ab. Warum die Überprüfung Ihrer Wertvorstellungen so wichtig ist? Weil Überzeugung die Dinge ins Rollen bringt. Wünsche werden wahr. Inadäquate Wünsche sind der Grund von inadäquaten Leistungen. Und es sind die persönlichen Überzeugungen eines Coaches – einer Führungskraft –, die den größten Einfluß haben und die in Erfüllung gehen werden.

Die Verwirklichung eines Traums wie die Saison von 1972 ist unweigerlich das Ergebnis von Überzeugungen und Prinzipien, die bei der Zusammensetzung des Teams und während des Trainings im Vordergrund standen. Meine Vision von Perfektion setzt sich aus mehreren Grundregeln zusammen. Diese Grundregeln wiederum stehen hinter der gesamten Philosophie meines Coachings. Sie bilden den Zusammenhang und die Grenzen des Bereichs, in dem unsere Trainer und Spieler sich bewegen. Sie sind auch die Voraussetzung dafür, mir selbst gegenüber ehrlich zu bleiben und nicht vom Ziel abzukommen. An dieser Stelle die Quintessenz meiner Coaching-Philosophie:

- Behalten Sie sowohl bei Siegen wie auch bei Niederlagen das richtige Maß im Auge.
- Übernehmen Sie eine Vorbildfunktion.
- Stellen Sie Respekt über Popularität.
- Schätzen Sie Charakter nicht geringer als Talent.

- Arbeiten Sie hart, aber mit Freude an der Sache.

Unter Berücksichtigung dieser Grundregeln treffe ich alle meine Entscheidungen. Sie sind die Voraussetzung erfolgreichen Coachings. Sie werden keine erfolgreiche Führungskraft sein, wenn Sie nicht genau wissen, was Sie wann, wo und wie erreichen wollen.

■ BLANCHARD

In der Bibel steht: »Wo keine Weissagung ist, wird das Volk wild und wüst; wohl aber dem, der das Gesetz handhabt.« (Buch der Sprüche 29,18).

Führungskräfte brauchen heute deshalb eine überzeugende Vision und eine Reihe von festen Grundsätzen, weil ohne sie die Menschen, die sie führen, nicht nur verlieren werden, sondern verloren sind. Ohne eine Vision, an der sich die Menschen aufrichten können, wenn sie in Schwierigkeiten stecken, werden sie den Anforderungen nicht gewachsen sein.

Ich fragte Max dePree, den einstigen Vorstandsvorsitzenden von Hermann Miller und Autor von »Leadership as an Art«, was seiner Meinung nach die Rolle einer Führungskraft in bezug auf diese Vision sei. Er gab mir folgende Antwort: »Sie müssen wie ein Lehrer in der Grundschule Ihre Vision so lange wiederholen, bis sie auch der letzte verstanden hat.« Für Shula besteht seine Aufgabe darin, dem Team immer wieder klarzumachen, was er unter Perfektion versteht, damit kein Zweifel über das Ziel aufkommen kann. Doch es geht Shula nicht darum, um jeden Preis zu gewinnen. Ausschlaggebend sind für ihn seine Grundregeln und Überzeugungen.

Eine klare Vision ist nur eine Vorstellung dessen, was passiert, wenn alles wie geplant läuft und das Ziel erreicht wird. Spitzensportler stellen sich oft vor, wie sie den Weltrekord brechen, ein fehlerfreies Spiel absolvieren oder die Höchstmarke überspringen. Sie wissen, daß sie Energie daraus schöpfen, wenn sie sich eine deutliche Vorstellung von ihrer Höchstleistung machen. Eine klare Vision der perfekten Leistung zu entwickeln ist fast so, als würde man einen Film drehen. Ich hatte kürzlich die Gelegenheit, mit dem Topmanagement und den Verkaufsleitern von Freightliner, einem der führenden Hersteller von Großlastern, zusammenzuarbeiten. Jim Hibe, der Präsident des Unternehmens, entwikkelte eine neue Vision für den Kundendienst seiner Händler – durch die Umsetzung dieser Vision sollte das Unternehmen seine Konkurrenten weit hinter sich lassen. Zur Jahresversammlung wurde ein 30-Minuten-Video vorgeführt, das zwei fiktive Händler zeigte.

Das erste Handelsunternehmen, Great Scott Trucking genannt, repräsentierte das derzeit bei den meisten Händlern vorherrschende Modell: feste Geschäftszeiten (montags bis freitags von 8.00 bis 17.00 Uhr und samstags von 9.00 bis 12.00 Uhr), unmotivierte Mitarbeiter, wenige bis gar keine Sonderleistungen (Donuts und Kaffee für die wartenden Lkw-Fahrer) etc. In dieser Firma schien alles zugunsten der Angestellten, anstatt zugunsten der Kunden eingerichtet zu sein. Der leitende Manager betritt z. B. an einem Samstag um 11.45 Uhr das Geschäft und gibt folgende Anweisung, als er die Warteschlange vor der Abteilung für Ersatzteile sieht: »Sehen Sie zu, daß Sie um 12.00 Uhr zumachen. Die werden am Montag wiederkommen.«

Die andere Firma hieß Daley Freightliner, war kundenfreundlich mit einem 24-Stunden-Service – sieben Tage in der Woche – mit engagierten und gut ausgebildeten Angestellten und verschiedensten Dienstleistungen für die Fernfahrer. Es gab einen großen Aufenthaltsraum mit bequemen Sesseln und einem großen Fernseher, der die neuesten Filme ausstrahlte. Dann gab es noch einen abgedunkelten Ruheraum mit Stockbetten, in dem sich die Fahrer ausruhen konnten. Firmenangestellte fuhren mit den reparierten Trucks nach vorne zur Rezeption, damit die Fahrer nicht von hinten zurückstoßen mußten.

Viele der Händler glichen eher Great Scott Trucking als Daley Freightliner. Als deshalb am Anfang der Konferenz das Video gezeigt wurde, gab es Widerstände von manchen Händlern. Doch mit Hilfe des Videos wurde allen die neue Vision von Kundendienst klar und deutlich vermittelt. Es folgte ein Gespräch unter meiner Leitung zum Thema »Begeisterte Anhänger« – wie bringe ich Kunden dazu, daß sie stolz darauf sind, bei meinem Unternehmen Kunden zu sein. Danach berichteten Händler, die am ehesten den Qualitätsansprüchen von Daley Freightliner entsprachen, von ihrem Erfolg. Meiner Meinung nach war dies eine hervorragende Methode, eine neue Vision von Perfektion zu präsentieren. Menschen sind eher bereit, etwas zu befolgen, das sie sich klar vorstellen können. Alle großen Unternehmen und Teams haben an ihrer Spitze eine Führungskraft, die den Mitarbeitern immer wieder die Vision des Unternehmens ins Bewußtsein ruft. Diese Vision kann nicht aus den unteren Reihen des Unternehmens kommen. Sie muß aus den oberen Rängen kontinuierlich nach unten kommuniziert werden. Mitarbeiter lassen sich durch Visionen inspirieren. Wenn sie die Vision einmal verstanden haben, streben sie ihr bewußt oder unbewußt nach und ermuntern sogar andere dazu.

Barbara Glanz, eine befreundete Unternehmensberaterin, hielt im Mittelwesten bei einer großen Einzelhandelskette eine Schulung zum Thema Kundendienst ab. Den Mitarbeitern an vorderster Front – Kassiererin, Einpacker, Regalauffüller, Metzger, Bäcker etc. – gab Barbara den Rat, zu versuchen, ihrem Arbeitsplatz eine persönliche Note zu verleihen. Sie sollten sich überlegen, wie sie dies tun und dem Kunden gleichzeitig das Gefühl geben könnten, wichtig zu sein. Barbara hinterließ ihre Telefonnummer und forderte die Schulungsteilnehmer auf, sie bei Fragen anzurufen und von ihren Erfolgen zu berichten.

Drei Wochen nach ihrem Vortrag bekam Barbara einen Anruf von Johnny, einem neunzehnjährigen Packer. Der Anrufer, der unter dem Down-Syndrom leidet, erzählte Barbara seine Geschichte: »Am Abend des gleichen Tages, als sie zu uns gesprochen hatten, überlegte ich gemeinsam mit meinen Eltern, was ich für unsere Kunden tun könnte. Ich sammle seit Jahren Zitate, und so entschieden wir uns, sie an die Kunden weiterzugeben.« Er tippte die Zitate ab, machte jeweils 150 Kopien, schnitt sie aus und faltete sie zusammen. Am nächsten Tag suchte er eines der Zitate aus, und wenn er die Waren der Kunden eingepackt hatte, legte er eines in die Tüte und wünschte dem Kunden noch einen schönen Tag.

Am selben Tag, an dem Johnny anrief, machte der Filialleiter seine Runde. Als er in den vorderen Bereich des Ladens kam, bemerkte er, daß alle Kunden bei Johnny Schlange standen. Johnny hatte versucht, einige der Kunden in eine andere Reihe zu weisen, doch keiner wollte seinen Platz verlassen. Barbara ging der Geschichte nach und rief den Geschäftsführer an. Er berichtete, daß einer der Kunden ihm erzählt hatte, er habe früher nur einmal die Woche hier eingekauft, doch jetzt komme er jeden Tag. »Seit Johnnys großem Erfolg bemüht sich jeder meiner Angestellten, etwas Besonderes für die Kunden zu tun. Unser Metzger ist beispielsweise Snoopy-Fan. Wenn die Kunden jetzt ihre Bestellung abholen, klebt ein Snoopyaufkleber auf dem Paket. Wenn die Blumen geknickt sind, schneiden die Floristen die Stile ab und machen daraus Anstecker für die Kunden. Johnnys Beispiel hat Schule gemacht.«

Was ein einzelner Mitarbeiter doch bewirken kann, wenn er eine Vision in die Tat umsetzt. Johnny hatte die Vision verstanden und half mit, den Kundendienst von Grund auf zu verändern. (Johnny wäre wahrscheinlich nicht von selbst auf diese Idee gekommen, wäre da nicht jemand wie Barbara Glanz gekommen und hätte die Bedeutung von Kundendienst betont.) Die Mitarbeiter müssen begreifen, wie sich ihr Aufgabenbereich in die Gesamtziele des Unternehmens integrieren läßt und wie sie dazu beitragen können, diese zu verwirklichen. Eine Vision illustriert das grundlegende Ziel des Unternehmens, damit jeder einzelne genau weiß, was er selbst zur Erreichung dieses Zieles beitragen kann.

Ein Wochentag, früh am Morgen; die meisten Leute in Miami haben noch nicht gefrühstückt. In der Kirche ist es kühl, dunkel und ruhig. Die ersten Sonnenstrahlen scheinen durch die bunten Fenster. Die Stille wird nur ab und zu durch ein Rascheln oder ein leises Husten unterbrochen, wenn die Handvoll Gläubigen am Altar die Kommunion empfangen. Als sich der letzte umdreht und zu seinem Platz zurückgeht, erblickt der Priester in den hinteren Reihen eine hochgewachsene Gestalt, die andächtig ins Gebet versunken ist. Er lächelt und denkt bei sich: »Die Dolphins sind wieder in der Stadt.«

■ SHULA

Meine Eltern besaßen beide einen starken Willen und tiefverwurzelte Moralbegriffe. Meine Mutter war katholisch erzogen worden und mein Vater konvertierte, als sie heirateten. Meine Beziehung zu Gott wurde in früher Kindheit geprägt. Ich habe nie eine Messe versäumt. Seit der zweiten Klasse, ich ging auf eine katholische Schule, im College und bis heute versuche ich jeden Tag eine Andacht zu besuchen. Wenn wir in Miami sind, besuche ich jeden Morgen die 6.30-Uhr-Messe von Pater Geiser an der St.-Thomas-Universität. Ich kenne Pater Geiser, seit ich 1970 nach Miami kam. Der Besuch der Messe und das Gebet sind für mich keine Frage von Gewohnheit. Sie bedeuten mir viel in meinem Berufsalltag. Am Tag des Spiels helfen sie mir, ruhig und nüchtern zu bleiben. Für mich ist es sehr wichtig, den Tag damit zu beginnen, Gott zu danken und seine Hilfe zu erbitten.

Verstehen Sie mich bitte jetzt nicht falsch. Ich bin kein Priester, und ich möchte damit nicht sagen, daß jeder seinen Glauben auf meine Art praktizieren sollte. Aber es ist wichtig, an eine höhere Macht zu glauben. Menschen aus meinem engsten Umfeld mögen Ihnen erzählen, daß ich sehr unangenehm sein kann, wenn wir ein Spiel verloren haben, aber ich wäre bestimmt noch schlechter gelaunt, wenn ich nicht wüßte, daß es noch etwas Wichtigeres als Football gibt. Es ist ein gutes Gefühl, niederzuknien und Gott um Hilfe und Rat bitten zu können. Mein Glaube ist etwas sehr Persönliches und Privates, deshalb möchte ich auch mit dem folgenden Satz schließen: Wenn es für Sie keine höhere Macht als Ihren Vorgesetzten, Ihr Unternehmen oder, noch schlimmer, Sie selbst gibt, werden Sie nie ein wirklich erfolgreicher Coach werden.

Die Journalistin Peggy Stanton widmete Don Shula ein Kapitel in ihrem Buch »The Daniel Dilemma: The Moral Man in the Public Arena«. Der Grund, warum Stanton Shula ausgewählt hatte, wird am besten von dessen Sohn David geschildert, der zum Zeitpunkt des Interviews gerade die High-School abschloß. Er ist heute Coach der Cincinnati Bengals. »Wissen Sie, wenn wir den Superbowl oder besonders gute Spieler verloren, dann traf das meinen Vater hart, und folglich auch die Familie. In einer solchen Situation konnte ich seine tiefe Frömmigkeit erkennen, denn er verlor den Glauben nicht, er gab nicht auf, er warf nicht alles hin. Und der Grund dafür war, daß er wußte, daß ihn jemand beschützte.« Shulas ehemaliger Assistent, Bill Arnsparger, der vor kurzem in den Ruhestand trat und als einer der besten Defense-Coaches der National Football League NFL gilt, sieht den Grund für Shulas Erfolg in seiner Fähigkeit, Wichtiges von Unwichtigem zu unterscheiden. Don wurde durch diese Fähigkeit zu etwas Besonderem. Und diese Fähigkeit basierte auf seinem Glauben. Sein Glaube hat ihn zu der großen Persönlichkeit gemacht.

In der Saison von 1994/95 war die Kirche vor dem Spiel der Dolphins immer gut besucht. Es wurde zu einer Art Ritual am Ende eines jeden Spiels – egal ob Sieg oder Niederlage –, daß die Spieler der Dolphins Mitglieder der gegnerischen Mannschaft zu einem Gebet in der Mitte des Spielfelds einluden.

■ BLANCHARD

Norman Vincent Peale war der Ansicht, daß Vertrauen die Voraussetzung von positivem Denken und Geduld ist. Wenn etwas nicht vorwärts geht, dann ist Vertrauen der Glaube daran, daß die Dinge sich so entwickeln werden, wie Sie es wollen. Sie lassen sich nicht entmutigen, beginnen nicht zu schwindeln, verlieren nicht die Fassung oder gehen sinnlos Risiken ein, nur weil Sie das gewünschte Ergebnis nicht sofort erreichen können. Während Shula sich selbst nicht als geduldig einschätzt, verhilft ihm der Glaube doch dazu, die Dinge nüchtern zu betrachten und sich nicht entmutigen zu lassen oder egoistische Motive in den Vordergrund zu stellen. Er bleibt sowohl bei Sieg als auch bei Niederlage auf dem Boden der Tatsachen.

Elisabeth Kübler-Ross, Autorin des Buches »Über den Tod und das Leben danach« und eine der Mitbegründerinnen der Hospizbewegung, sagte kürzlich in einem Interview: »Das höchste Ideal, das wir erreichen können, ist das Stadium der Unschuld, in dem wir als Kinder Gottes geschaffen wurden – mit der ganzen Liebe, dem Erbarmen und der Kreativität, die wir besaßen, bevor wir bewußt handelten. Wir können dieses Stadium auch ohne die Hilfe Gottes erreichen.« Das erinnert mich an die Haltung einiger Führungskräfte, die Erfolg in der Wirtschaft und eine tiefe Religiosität für unvereinbar halten.

Führungskräften, die an traditionellen Modellen orientiert sind, fällt es heutzutage immer schwerer, mit der Unmenge an Problemen, die täglich auf sie zukommen, alleine fertigzuwerden. Das Geschäftsleben erinnert mehr und mehr an ein Spiel, in dem sich die Gegner vervielfältigen, das Risiko sich erhöht und die Anzahl der Faktoren, die über Sieg oder Niederlage entscheiden, rasch zunehmen. Um dieses

Spiel zu spielen (und es zu gewinnen), müssen Führungskräfte lernen, sich auf ihre Intuition zu verlassen: auf die ruhige und doch bestimmte innere Stimme, die ihnen untrüglich sagt, wie etwas ist, auch wenn es, von außen betrachtet, ganz anders aussieht. Gleichzeitig müssen sie auf Details achten und Chancen erkennen. Diese paradox scheinende Kombination, bei Gefahr sowohl nach Gefühl zu handeln als auch äußere Signale einzubeziehen, hat etwas mit Glauben zu tun. Hier beginnt ihre Partnerschaft mit Gott.

Ich wundere mich oft darüber, warum Geschäftsleute nicht auf ihre innere Stimme hören, wenn es darum geht, Probleme zu lösen. (Ich habe diese Frage in meinem kleinen Buch »We Are the Beloved«, das letzte Weihnachten veröffentlicht wurde, behandelt.) Die institutionalisierte Religion hat es irgendwie verpaßt, Gott mit den vielen Problemen, denen die Menschen täglich gegenüberstehen, zu vereinen. Wenn der Glaube an Gott den Leuten nicht dabei helfen kann, Personalprobleme zu lösen, oder ihnen bei der Bewältigung von Aufgaben wie Downsizing, Kostensenkung oder Reengineering nicht zur Seite steht, wozu ist er dann gut? Ich persönlich bin der Meinung, daß ein aufrichtiger Glaube durchaus seine praktischen Seiten hat und Führungskräften, die bereit sind, sich darauf einzulassen, viele Möglichkeiten bietet.

Gute Religion ist wie gutes Football: Es wird nicht geredet, sondern gehandelt. Ihre Mitmenschen interessieren sich nicht für ihre theologischen Ansichten oder Theorien. Sie sind an Führungskräften interessiert, deren Glaube ihnen die Bewältigung ihrer täglichen Aufgaben erleichtert.

Erfolg hält nicht ewig an, und Mißerfolg ist kein Todesurteil.

■ Don SHULAS Lieblingsspruch

■ SHULA

Ich weiß nicht, wo ich diesen Satz einmal gehört habe, aber er hat mich in meinem Denken beeinflußt. Er ermahnt mich, die Dinge immer in einem größeren Zusammenhang zu sehen und langfristige Ziele nicht aus den Augen zu verlieren. Ich möchte vermeiden, daß kurzfristige Ups und Downs mein Footballspiel beeinflussen. Man kann es sich einfach nicht leisten, bei einem Sieg euphorisch zu werden oder sich durch eine Niederlage völlig entmutigen zu lassen. Sonst kann es leicht passieren, daß man das Nächstliegende aus den Augen verliert, nämlich sich auf das kommende Spiel vorzubereiten. Montag morgen nach dem Spiel gehen die Trainer und ich mit der Mannschaft die Videoaufzeichnungen durch und versuchen, daraus etwas zu lernen. Danach, ganz gleich, ob wir das Spiel verloren oder gewonnen haben, erwähnen wir es für den Rest der Woche nicht mehr. Ich möchte, daß mein gesamtes Team seine Energie auf die Vorbereitung des nächsten Spiels konzentriert. Auch während unserer siegreichen Saison 1972 ließ ich es nicht zu, daß sich das Team auf seinen Erfolgen ausruhte.

Als Coach ist ihre eigene Einstellung zu Sieg und Niederlage entscheidend. Im Falle eines Sieges können Sie es sich nicht leisten, dem Team ein Gefühl von Arroganz und übertriebener Selbstsicherheit zu vermitteln. Und bei Niederlagen dürfen Sie sich nicht zu negativen Gefühlsausbrüchen und Vorwürfen hinreißen lassen. Ein Coach, der sich durch Fehlschläge zu sehr erschüttern läßt, wird von seiner Aufgabe zermürbt. Magic Johnson gestand am Ende seiner kurzen Trainerkarriere bei den L. A. Lakers, daß er mit Niederlagen nicht fertigwurde. Mein Sohn David, der jüngste Coach der NFL, hatte in Cincinnati drei erfolglose Saisonen. Ich gab ihm den Rat, daß er – ganz gleich, wie entmutigt er durch die

Niederlagen sei – diese Entmutigung seine Trainer und Spieler nicht spüren lassen dürfe. Sie sehen zu ihm auf und erwarten, von ihm geführt zu werden. Aus diesem Grund muß er sich eine positive Haltung bewahren. David hat das geschafft, und deshalb bin ich stolz auf ihn (selbst als wir die Bengals im letzten Herbst schlugen). Auch meinen jüngsten Sohn, Mike, Coach der Chicago Bears, mußte ich nicht daran erinnern, daß er sich nicht zu lange in seinem Sieg sonnen dürfe, als sie uns letzten Herbst besiegten.

■ BLANCHARD

Als 1982 der »1-Minuten-Manager« veröffentlicht wurde, setzte sich eine Spirale des Erfolgs in Bewegung. Das Buch verkaufte sich millionenfach und war unter anderem drei Jahre auf der Bestsellerliste der »New York Times«. Zum ersten Mal in meinem Leben bekam ich zu spüren, was es heißt, wirklich Erfolg zu haben. Mein Coautor, Spencer Johnson, und ich wurden in Wirtschaftskreisen zu berühmten Persönlichkeiten. Es schien, als hätte ich zwei Möglichkeiten. Die erste war, mich auf den Lorbeeren auszuruhen, mir einzubilden, daß wir die besseren Schriftsteller seien, mehr von der Sache verstünden als andere und daß unser Talent der Grund des Erfolgs sei. Die zweite Möglichkeit war, den Erfolg zu hinterfragen. Warum waren wir so erfolgreich und was können wir daraus lernen? Ich entschied mich für die zweite Möglichkeit und begann, darauf zu achten, welchen Einfluß Erfolg und Mißerfolg auf einen Menschen haben.

Die meisten Menschen glauben, daß mit Erfolg keine Probleme verbunden sind. Sie lassen dabei außer acht, daß Erfolg genauso überraschend kommen kann, wenn nicht über-

In den letzten Jahren hat Don von zwei seiner Spieler eine Menge Unterstützung erhalten. Wenn wir ein Spiel verloren haben und das Team wirklich niedergeschlagen ins Flugzeug steigt, sprechen Keith Jackson und Irving Fryar, zwei sehr ausgeglichene Spieler, mit ihren Teamkollegen und helfen ihnen, wieder Mut zu fassen und sich auf das nächste Spiel zu konzentrieren. Auch nach einem Sieg werden sie nie zu enthusiastisch. Wenn die Spieler nach einem Sieg völlig euphorisch sind, holen die beiden sie wieder auf den Boden zurück, damit sie sich geistig auf das nächste Spiel vorbereiten können.

■ Mary Anne SHULA

raschender als Mißerfolg. Es gibt jede Menge Anekdoten über Sportler, Entertainer und Unternehmensführer, die ganz schnell an die Spitze gelangten, um genauso schnell wieder ganz unten zu landen. Nachdem ich promoviert hatte, wurde ich bei jeder Stelle, an der ich mich bewarb, abgelehnt. Dazu kam, daß ich verheiratet war, einen kleinen Sohn hatte, und das nächste Kind war bereits unterwegs. Während meine ehemaligen Studienkollegen an ihrer Karriere bastelten, konnte ich noch nicht einmal einen Posten finden. Aus dieser Erfahrung habe ich gelernt, daß man auch mit Mißerfolgen auf zwei verschiedene Arten umgehen kann. Man kann Mißerfolge dazu nutzen, sich über sie zu definieren, oder man kann sie hinterfragen. Wenn ich mich damals nicht für die zweite Möglichkeit entschieden hätte, wäre ich als Lehrer und Autor heute nicht da, wo ich bin, denn ursprünglich hatte ich eine Karriere als College-Vorstand angestrebt.

Es mag banal klingen, aber eine der wichtigsten Voraussetzungen für wahren Erfolg ist der Glaube, daß es für alles einen Grund gibt. Es ist zwar nicht möglich, auf jede Kleinigkeit Einfluß zu nehmen, aber wir können unsere Reaktionen kontrollieren. Das Leben ist voller Überraschungen. Es wird immer wieder zu positiven oder negativen Überraschungen kommen, auf die wir nicht vorbereitet sind. Was einen Gewinner von einem Verlierer unterscheidet, ist seine Fähigkeit, die Energie positiver Erfahrungen zu nutzen und aus den negativen zu lernen.

Denken Sie, das läßt sich in irgendeiner Weise auf die Geschäftswelt übertragen? Jedes Jahr werden unzählige Unternehmen gegründet. Schon nach sechs Monaten sind bereits 50 Prozent von der Bildfläche verschwunden. Innerhalb der nächsten drei Jahre werden nur noch 20% der ursprünglichen Unternehmen im Geschäft bleiben. Wenn je-

Don Shula kam immer an meinen Tisch und dankte mir für mein Kommen. Nur ein einziges Mal habe ich mit ihm außerhalb des Speisesaals gesprochen. Mir fiel auf, daß er sehr unruhig war. Die Dolphins hatten die letzten beiden Spiele verloren, und so dachte ich, daß ihm das zu schaffen machte. Ich sagte: »Coach, alles wird durch einen Sieg wieder aufgewogen.« »Ach nein, Tommy,« entgegnete er, »das ist es nicht. Die Frau meines Sohnes David bekommt gerade ein Baby.« Jeder sagt, Don Shula interessiere sich nur für eine Sache: Footballspiele zu gewinnen. An diesem Tag habe ich den Privatmann Don Shula erlebt.

■ Tommy WATSON
Pfarrer der Dolphins, 1972 bis 86

der dieser erfolglosen Unternehmer sich durch den Mißerfolg als totaler Verlierer definieren würde, hätten wir eine Menge Leute mit ernsthaften Problemen. Dean Smith, der große Basketballtrainer von North Carolina, hat es einmal treffend formuliert: »Wenn Sie aus jedem Spiel eine Entscheidung über Leben und Tod machen ... werden Sie viele Tode sterben müssen.« Wenn Sie wissen, daß Mißerfolg kein Todesurteil ist, werden Sie fähig sein, darüber hinwegzukommen. Diesen Grundsatz müssen Eltern ihren Kindern, Little-League-Trainern ihren Spielern und Geschäftsleute ihren Mitarbeitern begreiflich machen.

Ein großer Coach nimmt sich nicht zu wichtig. Wenn er gewinnt, ist er froh, besonders wenn das Team gut gespielt hat. Wenn er verliert, ist er unglücklich, aber er kann es verkraften. Don Shula ist nicht ein großer Trainer, nur weil er gelernt hat zu gewinnen, sondern weil er imstande ist, mit den Niederlagen, die beim Spielen unvermeidlich sind, fertigzuwerden. Er versteht, sein Ego aus dem Spiel zu lassen. (Ego steht in diesem Fall für »Edging God Out« – »Gott hinausdrängen«.)

Menschen, die durch egoistische Motive motiviert werden, lassen sich von Ängsten und dem Bedürfnis nach Anerkennung leiten. Sie haben Angst zu versagen, weil sie denken, daß ihr Wert als Person nur von der Anerkennung anderer abhängt. Sie müssen gewinnen, um sich zu beweisen, daß sie okay sind. Für Leute, die von ihrem Ego bestimmt sind, läßt sich Erfolg nur an der Anzahl von Siegen, Verkäufen, Eroberungen oder Akquisitionen messen. Ein großer Coach will gewinnen, aber er bricht nicht zusammen, wenn er mal verliert. Als ich mit Norman Vincent Peale an unserem gemeinsamen Buch »Die Kraft positiven Führens« arbeitete, sprachen wir über Bescheidenheit, und Norman meinte: »Bescheidene Menschen haben nicht weniger Selbstbewußtsein als andere ... sie denken einfach weniger über sich selbst nach.« Er hätte damit Don Shula meinen können.

Es gehört schon eine gewisse Größe dazu, etwas Derartiges zu tun: einen Fehler zuzugeben und ihn dann auch noch zu berichtigen. Eine der negativsten Eigenschaften, die eine Führungspersönlichkeit heute haben kann, ist Arroganz – so zu tun, als hätte man immer alles unter Kontrolle.

Auf der anderen Seite ist eine der größten Qualitäten, die man meiner Meinung nach haben kann, das Eingeständnis seiner eigenen Schwächen. Die meisten Footballfans sind an Don Shulas spitze Zunge und seinen finsteren Blick beim Auf- und Abgehen am Rande des Spielfelds gewöhnt, aber nur wenige kennen die weiche, sanfte und verletzliche Seite von Don Shula. Diese Seite ist es, die sein Ego unter Kontrolle hält.

Don Shula verlor einmal während eines Spiels gegen die Los Angeles Rams, das im Fernsehen übertragen wurde, die Nerven. Er ärgerte sich über die Entscheidung eines Schiedsrichters und machte sich in nicht gerade feinen Worten Luft, und das über ein zufällig eingeschaltetes Mikrofon, das seinen Verstoß gegen das zweite Gebot (»Du sollst den Namen des Herrn heiligen!«) laut und deutlich in Millionen amerikanische Haushalte trug. Er wurde mit Briefen aus dem ganzen Land überhäuft, in denen Zuschauer ihren Unmut äußerten. Jeder der seinen Absender beigefügt hatte, erhielt von Don Shula ein Schreiben, in dem er den Vorfall bedauerte, jedoch ohne sich zu entschuldigen. »Vielen Dank, daß Sie sich die Zeit genommen haben, mir zu schreiben. Seien Sie meines Bedauerns versichert. Ich achte Ihren Respekt und werde mein Bestes tun, um ihn wiederzuerlangen.«

■ Peggy STANTON,
»The Daniel Dilemma:
The Moral Man in the Public Arena«

Im Dezember 1994, an einem Sonntagabend, nach einer Niederlage der Dolphins gegen die Buffalo Bills, hatte ich Gelegenheit, unmittelbar zu erleben, wie Don Shula mit Rückschlägen fertigwird. Wenn die Dolphins dieses Spiel gewonnen hätten, wären sie sicher in die Endrunde gekommen und hätten den Rivalen aus dem Rennen geworfen. Bis zur Halbzeit führten die Dolphins, aber dann ging es bergab. Ich wartete zusammen mit mehreren anderen Leuten nach dem Spiel auf Shula. Als er kam, sah er vollkommen niedergeschmettert und erschöpft aus. Ein Freund wollte ihn aufmuntern und sagte: »Keine Sorge, Don, das nächste Mal werdet ihr sie schlagen. Ich bin überzeugt, daß wir in das Endspiel kommen.«

Don unterbrach ihn sofort: »Was ich jetzt am allerwenigsten brauche, ist Aufmunterung.« Shula brauchte Zeit, um die Niederlage bewußt zu erleben, damit er dann seine Energie und diejenige von Trainern und Sportlern, auf den nächsten Gegner, Kansas City, konzentrieren konnte.

Als ich Don dann am Montagabend vor seiner wöchentlichen Fernsehshow traf, war er ein anderer Mensch. Seine Gedanken waren bereits bei Kansas City. Als er in seiner Show das Spiel gegen die Buffalo Bills erläuterte, konnte man sehen, daß er die Niederlage überwunden hatte. Als wir zusammen zu Abend aßen und das Spiel der Raiders gegen die Chargers mitverfolgten, konzentrierten sich Don Shulas Gedanken schon voll auf das nächste Spiel. Und ich bin mir sicher, daß es seinem Team genauso ging, als sie am Montagabend darauf Kansas City vom Tisch fegten. Nach dem Spiel erklärte Don, ganz in Shula-Manier, der Presse: »Wir haben es geschafft. Jetzt konzentrieren wir uns auf die nächsten zwei Spiele und versuchen, uns eine gute Ausgangsposition für die Ausscheidungsspiele zu sichern.«

Der Respekt für den erfolgreichsten Coach der NFL ließ die Spieler vor dem Getränkebehälter innehalten. Die Dolphins wollten dessen Inhalt nach dem 325. Sieg seiner Karriere über Don Shula ausschütten. Doch in letzter Minute besannen sie sich eines Besseren. Er hatte gerade durch eine Änderung des Spielplans einen Vorteil für die Dolphins herausgeholt und seine Spieler wieder überzeugt, daß das Unmögliche möglich war. Sie wollten nicht, daß er nun wie eine gebadete Maus aussah. Er sollte wie ein König aussehen.
»Ein Klasse-Mann«, sagte Keith Sims. »Wir schauten auf den Behälter und sagten uns, auch wir müßten etwas tun, das Klasse hatte.« Und so hoben drei der Linespieler Don Shula hoch und trugen ihn über das Spielfeld des Veteran-Stadions. Er hob seine Arme in die Höhe und hatte Tränen in den Augen. Seine Spieler umringten ihn und versuchten, ihn zu berühren. Don Shula hatte den Rekord von George Halas gebrochen – aber stilgemäß.

■ Bill Plaschke,
»Los Angeles Times«

■ SHULA

Viele Führungskräfte wollen beliebt sein, doch ich habe mich darum nie bemüht. Ich wollte respektiert werden. Respekt ist etwas anderes als Popularität. Man kann ihn nicht erzwingen oder fordern, obwohl manche Führungskräfte das versuchen. Es gibt nur einen Weg, Respekt zu erlangen, nämlich ihn zu verdienen. Wie? Nicht mit Worten. Sie müssen Taten sprechen lassen, und nach einer bestimmten Zeit werden Ihre Mitarbeiter erkennen, daß Ihre Handlungen davon motiviert werden, das Beste aus ihnen herauszuholen. Ihre Mitarbeiter müssen nicht einmal das, was Sie tun, gutheißen, um es zu respektieren und Ihre Anweisungen zu befolgen. Die Tatsache, daß Sie als Coach von den Spielern verlangen, über ihre Grenzen hinauszugehen, bedeutet oft, daß Sie sich unbeliebt machen. Wenn Sie nun aber Beliebtheit anstreben, werden sich Ihre Anforderungen dem anpassen. Sie sind dann zu sehr bemüht, niemanden zu beleidigen oder zu verärgern. Sobald das geschieht, ist es aus mit Ihrer Effizienz und letztendlich auch mit dem Respekt der Spieler.

Ich möchte zu meinem Team eine Beziehung des gegenseitigen Respekts aufbauen. Ich wünsche mir, daß mich meine Spieler dafür respektieren, daß ich alles einsetze, um sie zu Höchstleistungen zu bringen. Mein Respekt ihnen gegenüber beruht auf dem Wissen, daß sie sich unter Einsatz all ihrer Kräfte auf das nächste Spiel vorbereiten. Um soviel Engagement aus den Leuten herauszuholen, darf man sich nicht mit der Frage nach Beliebtheit abgeben. Die gleichen Kriterien, die aus einem Trainer einen *erfolgreichen* Trainer machen, gelten auch für den Vater und Ehemann. Ich hoffe, daß mich die Leute sowohl wegen meines Privatlebens als auch wegen meines beruflichen Lebens respektieren.

Um andere führen zu können, müssen Sie glaubwürdig

sein. Für mich bedeutet der Begriff Glaubwürdigkeit, daß meine Mannschaft davon überzeugt ist, daß sie sich auf meine Anweisungen absolut verlassen kann. In dem Moment, in dem Ihre Glaubwürdigkeit in Frage gestellt wird, leidet Ihre Autorität als Führungskraft. Wenn ich mit meinen Spielern spreche, erwarte ich Aufmerksamkeit und Respekt. Um diese zu erhalten, muß ich als erstes das Vertrauen der Mannschaft besitzen. Um das Vertrauen der Spieler zu gewinnen, muß ich den ersten Schritt tun. Ich muß vollkommen ehrlich zu den Spielern sein. Wenn ich sehe, wie ein Spieler bei einer Besprechung seinen Nachbarn anstößt und ihm etwas zuflüstert, frage ich ihn, ob er an meinen Worten zweifelt. Ich unterbreche sofort das Gespräch und versuche, die Situation zu klären. Wenn ich nicht im Recht bin, möchte ich, daß die anderen so fair sind, mich darauf hinzuweisen.

Fehler zuzugeben, ist ein Weg, Respekt zu gewinnen. Als Coach muß ich wichtige Entscheidungen fällen, und das bedeutet, daß ich durch eine falsche Entscheidung alles vermasseln kann. Wenn Sie einen Fehler machen oder falsche Anweisungen geben und danach nicht bereit sind, dies einzugestehen, dann wird das Ihre Glaubwürdigkeit untergraben. Wenn ich bei einem Spiel eine strategische Entscheidung treffe, die sich als falsch erweist, und ich anschließend versuchen würde, einen der Spieler dafür verantwortlich zu machen, dann hätte ich schnell meinen ganzen Respekt verspielt. Wenn es hart auf hart geht und Sie vor einer Entscheidung stehen, dann müssen Sie die Verantwortung tragen. Die Spieler wissen, die Anweisung kommt von Ihnen, und respektieren sie.

> ***Mike Westhoff ist 24 Stunden am Tag im Einsatz. Mehr Engagement könnte ich mir nicht wünschen.***
>
> ■ Don SHULA

> ***Ich habe soviel Erfahrung in meinem Beruf gesammelt, daß ich mich mit jedem in eine Diskussion einlassen kann. Ich kenne mein Geschäft, und ich bin durch Don Shula dahin gekommen, wo ich heute stehe. Das war mit jemandem wie Don Shula nicht ganz einfach. Dieser Weg war manchmal steinig. Es ist hart, sich während eines Meetings zu Wort zu melden, und in der ersten Reihe sitzt Don Shula. Er kennt sich mit Football aus, und zwar recht genau, also ist es ratsam, daß man seine Hausaufgaben gemacht hat. Er hinterfragt jeden deiner Sätze. Dadurch muß man seine Leistung ständig kontrollieren. Aus diesem Grund habe ich es mir über die Jahre auch zur Gewohnheit gemacht, mich sorgfältig vorzubereiten. Ich respektiere Coach Shula, und ich glaube, dies beruht auf Gegenseitigkeit.***
>
> ■ Mike WESTHOFF
> Miami Dolphins, Special-Teams-Coach

■ BLANCHARD

In dem Moment, in dem Sie Führungsaufgaben übernehmen – ganz gleich ob in der Wirtschaft, Erziehung, Regierung oder in der Familie –, werden alle Augen auf Sie gerichtet sein, wenn schwierige Entscheidungen zu treffen sind. Wie Sie diese Entscheidungen treffen und ob Sie zu ihnen stehen, wird sich darauf auswirken, wieviel Respekt und Glaubwürdigkeit man Ihnen zugesteht. Manchmal haben diese Entscheidungen schwerwiegende Konsequenzen, wenn beispielsweise der Arbeitsplatz Ihres Mitarbeiters davon abhängt. Wenn Sie versuchen, ein freundschaftliches Verhältnis aufzubauen, werden Ihnen diese Entscheidungen um so schwerer fallen. Emotionen haben nichts mit der Leistung einer Person zu tun.

Don Shula ist immer um Distanz bemüht – das gehört zu seinem Führungsstil. Charlie Morgan, Anwalt und langjähriger Freund, erzählte mir, was Bob Griese und Nick Buoniconti dazu sagten: »Seit wir für Don arbeiten, sind wir einander viel näher gekommen. Als wir noch in seinem Team spielten, war Shula viel distanzierter.« Einige Trainer werden als »spielerfreundlich« beschrieben, sie wollen sich beim Team beliebt machen. Don kümmert sich nicht darum. Das gehört nicht zu seinem Job. Er versucht, aus seinen Spielern das Beste herauszuholen. Shula und seine Trainer sind bereit, einen Spieler, der seine Leistungen steigern will, zu unterstützen und hart mit ihm zu arbeiten. Doch wenn seine Leistungen stetig abnehmen, dann folgt unweigerlich ein Gespräch über seine weitere Karriere.

In der Saison von 1994 hatte Shula mit Jim Arnold, einem seiner Spieler, ein solches Gespräch. Arnolds Leistungen hatten merklich abgenommen. Die Dolphins hatten Arnold im April 1994 in Detroit eingekauft. Shula hatte große Hoffnungen in ihn gesetzt. Doch Arnold erreichte in Miami nicht mehr seine alte Form. Shula entließ ihn im November 1994 nach dem Spiel gegen die Jets. »Die Sache war mir sehr unangenehm. Jim war sehr beliebt«, sagte er. »Aber ich brauchte jemand, der das Vertrauen in das Kickspiel wieder aufbaute. John Kidd von San Diego war verfügbar und warf ihm den Ball zu. Er bewährte sich für den Rest der Saison als guter Spieler.«

Ich sehe die emotionale Komponente als Problem, und das nicht nur in der Wirtschaft, sondern auch in Schulen und Familien. Zu oft wollen Lehrer und Eltern sich bei den Kindern beliebt machen. Als Resultat werden sie vielleicht vor Entscheidungen zurückscheuen, die Höchstleistungen erfordern. Wenige von uns verlangen gerne von anderen, was sie wütend auf uns macht. Doch wenn Sie zurückdenken, müssen Sie zugeben, daß diejenigen Menschen auf Sie den größten Einfluß hatten, die Sie auch hart anpacken konnten.

Ich erinnere mich in diesem Zusammenhang an meine Englischlehrerin, Mrs. Symmes. Alle meine früheren Englischlehrer hatten mir auf die Schulter geklopft und meine Leistungen mit einem Gut bewertet, denn Sie mochten mich und wollten, daß auch ich sie mochte. Nicht so Mrs. Symmes. Den ersten Aufsatz, den ich bei ihr schrieb, benotete sie mit einem Genügend und der Bemerkung, daß ich es besser könnte. Da ich damals schon als Klassensprecher tätig war, dachte ich, daß ich mit meiner Redegewandtheit davonkommen könnte, doch sie bestand darauf, daß ich lernte, mich auch schriftlich gut auszudrücken. Sie gab nicht auf, bis sie voller Stolz meine letzte Arbeit mit Sehr gut benoten konnte. Auch ich war stolz. Ich werde sie nie vergessen. Ich bin sicher, daß es auch in Ihrem Leben eine »Mrs. Symmes« gibt.

Doch die wichtigere Frage ist, ob Sie bereit sind, für andere die Rolle einer »Mrs. Symmes« zu übernehmen. Sind Sie dazu bereit, Ihre Leute anzutreiben (ganz gleich ob es sich um Manager oder Pfadfinder handelt), und dabei in Kauf zu nehmen, sich unbeliebt zu machen? Ein guter Coach zu sein, bedeutet unter Umständen, auf Popularität zu verzichten und die richtige Entscheidung zu treffen, die Ihnen den Respekt Ihrer Mitarbeiter erbringen wird. Langfristig gesehen werden die Leute zur Ansicht gelangen, daß Sie der beste Coach sind, den sie je hatten.

Vor längerer Zeit versuchte ich einmal, Marino (Quarterback der Dolphins) ein »Was-wäre-wenn?-Szenario« vorzuführen ... Ich gab ihm mehrere Möglichkeiten zur Auswahl und forderte ihn auf, sich für eine Strategie zu entscheiden. Er lächelte nur und sagte: »Dafür kriegen Sie ja soviel bezahlt.«

■ Don SHULA

Die einzige Form der Führung, die ich kenne, ist diejenige durch Beispielgebung.

■ Don SHULA

■ SHULA

Viele Führungskräfte erteilen zwar Anweisungen, aber sie halten sich selbst nicht daran. »Machen Sie, was ich sage, aber nicht, was ich tue!« ist keine sehr glückliche Führungsstrategie. Natürlich gehe ich nicht auf das Spielfeld und mache meinen Spielern vor, was sie tun sollen. Meine Beispielgebung vollzieht sich in den hohen Leistungsansprüchen an mich selbst, in meiner Genauigkeit im Detail und in meiner harten Arbeit. Ich erwarte von meinen Spielern nie mehr, als ich selbst zu geben bereit bin. Meine eigene Vorbereitung auf das nächste Spiel muß beispielhaft sein. Ich will den Erfolg und werde alles daransetzen, ihn zu erreichen. Ich bin meistens der letzte, der das Training verläßt.

Meine Einstellung zur Arbeit wird ziemlich genau durch folgenden Satz ausgedrückt: Um erfolgreich zu sein, mußt du nur den halben Tag arbeiten, entweder die ersten zwölf Stunden oder die zweiten zwölf. Während unserer siebenmonatigen Saison haben die Trainer wirklich keinen einzigen freien Tag. Wir arbeiten sieben Tage die Woche. Wir ziehen mit den Spielern in das Trainingslager, und 24 Stunden am Tag dreht sich alles um Football. Die Trainer sind zwar nicht auf dem Spielfeld und müssen keine Stöße, Schläge und Verletzungen einstecken, aber die Spieler wissen, daß auch wir unter größtem Druck stehen.

Während der Saison 1994/95 glaubte ich, an der Ferse ein Überbein zu haben. Mit der Zeit wurden die Schmerzen so stark, daß ich kaum noch auf dem Trainingsplatz herumlaufen konnte und eine Art Skischuh tragen mußte, um den Schmerz ein bißchen zu lindern. Ich wollte mit der Behandlung bis nach der Saison warten. Ich kann von meinen Spielern nicht verlangen, mit Schmerzen zu spielen, wenn ich selbst schon bei einem geringen Schmerz aufgebe. Schließ-

Anne Shula berichtete: »Don wurde Freitag früh ins Krankenhaus eingeliefert, zur Vorbereitung auf die Operation. Nach der Operation kam er in den Narkoseraum und dann ins Krankenzimmer, wo er über Nacht bleiben sollte. Um 14.30 Uhr hatte er vom Krankenhaus bereits genug. Er ließ sich von mir seine Krücken geben, und kurz darauf waren wir auf dem Nachhauseweg. Am nächsten Tag war er bereits um 5.30 Uhr wach. Er wollte zuerst in die Messe gehen und dann zum Training. Ich konnte ihn nur für kurze Zeit zurückhalten. Um 10.00 Uhr war er in einem Golfwagen auf dem Trainingsplatz. Und so erschien er auch Montag abend beim Spiel gegen die Kansas City Chiefs.«

Mit hochgelagertem Bein wurde Shula von einem Assistenten am Rande des Spielfeldes auf- und abgefahren. Nachdem die Chiefs führten, richteten die Kameras sich auf Don und seinen Assistenten, und man konnte sehen, wie wütend er war. Einer der Kommentatoren lachte und sagte: »Ich glaube, einige der Spieler können froh sein, daß Shula nicht aus diesem Golfwagen raus kann … Wenn sich nicht bald etwas ändert, wird er noch auf das Spielfeld fahren.« Nach Dons Zornesausbruch entschied die Defensive das Spiel zugunsten der Dolphins.

lich blieb mir keine andere Wahl mehr. Eines Tages, Anfang Dezember, als ich nach dem Training das Feld verließ, spürte ich einen stechenden Schmerz. Es stellte sich heraus, daß meine Achillessehne gerissen war – die gleiche Verletzung, die Dan Marino im Jahr zuvor ausgeschaltet hatte. Der Tag meiner Operation war der erste in meinen 25 Jahren bei den Dolphins, an dem ich zu einem regulären Training nicht erschien.

■ BLANCHARD

In unserem Land mangelt es den meisten Führungskräften an Respekt und Glaubwürdigkeit. Downsizing, Neustrukturierungen und andere massive Veränderungen sieht der durchschnittliche Angestellte kaum auf Kosten der oberen Etagen gehen. Die hohen Gehälter und vielen Vergünstigungen der CEOs sind für viele Leute, deren Job gefährdet ist oder die ihn verloren haben, ein großes Ärgernis. Sicher, Topmanager werden auch manchmal gefeuert, doch die Öffentlichkeit erfährt, wie sie mit enormen Abfindungen entschädigt werden.

Das klingt so, als sei ich ein Gegner des Downsizing. Ganz im Gegenteil. Wie ich schon an früherer Stelle erwähnt habe, ist im heutigen Wirtschaftsleben nichts vorhersehbar. Permanent verändert sich etwas, und deshalb ist es auch so wichtig, daß Topmanager sich bemühen, daß sie in den Augen ihrer Mitarbeiter glaubwürdig sind. Das bedeutet für jede Führungskraft, ganz gleich in welchem Unternehmen: »Verlangen Sie von Ihren Mitarbeitern nicht, was sie nicht selbst bereit sind zu tun.« Sie können nicht von Ihren Kindern verlangen, daß sie ihr Zimmer in Ordnung halten, während es in Ihrem Arbeitszimmer verheerend aussieht, oder sie zu Bescheidenheit anhalten, während Sie das Geld mit beiden Händen zum Fenster hinauswerfen – durch dieses Verhalten beeinträchtigen Sie Ihre Glaubwürdigkeit und setzen Ihren Respekt aufs Spiel. Manager beschweren sich oft über ihre Mitarbeiter, weil diese zu spät zur Arbeit kommen, doch sie selbst machen lange Mittagspausen, erscheinen zu spät zu Konferenzen und bringen damit ihre Kollegen in eine unangenehme Situation. Ob Sie wollen oder nicht, als Führungskraft befinden Sie sich ständig unter Beobachtung. Zeigen Sie mir einen Manager, der spät zur Arbeit kommt und früh nach Hause geht, und ich werde Ihnen dazu die Mitarbeiter zeigen, in denen sich dieses Verhalten widerspiegelt.

Was erfolgreiche Menschen von nicht erfolgreichen unterscheidet ist, daß sie gewillt sind, einen Schritt mehr zu tun – eben diesen einen Schritt mehr, zu dem andere nicht bereit sind. Dons langjähriger Freund und ehemaliger Assistenztrainer, Monte Clark, beschrieb dessen Energie und Engagement mit folgenden Worten: »Seine Kirche scheint den Namen ›Unsere Heilige Frau vom Perpetuum mobile‹ zu tragen.«

In der ersten Woche vor dem Eröffnungsspiel der Vorsaison besteht Shula darauf, daß seine Spieler im Trainingslager bleiben. Und wenn die Spieler über Nacht im Trainingslager bleiben müssen, raten Sie mal, wer dann auch anwesend ist? Eines Abends war ich, gemeinsam mit Dons Tochter Donna und ihrem Mann Steve Cohen, bei den Shulas zum Dinner eingeladen. Nach dem Essen verabschiedete sich Don von seiner Frau und machte sich pflichtbewußt auf den Weg ins Trainingslager.

Was ich bislang über Glaubwürdigkeit gesagt habe, mag ein bißchen nach den Ermahnungen Ihrer Mutter klingen. Lassen Sie mich versuchen, es ein wenig in eine andere Richtung zu lenken. Ich brachte Dorothy Jongeward, eine Coautorin von »Born to Win«, nach einer Präsentation in unserem Unternehmen zum Flughafen. »Dorothy, du hast den Bezug zwischen Transaktionsanalyse und Arbeitsbereich einfach wunderbar dargestellt. Niemand hätte das besser hingekriegt.« Sie lächelte und sagte: »Ken, das hätten viele hingekriegt. Aber niemand hätte die Rolle der Dorothy Jongeward hingekriegt. Das Beispiel Transaktionsanalyse ist meine Art, mich in die Arbeit einzubringen.«

Wie wäre es damit, wenn Sie Ihre Arbeit als Manager, Lehrer oder Elternteil als Möglichkeit ansähen, sich selbst einzubringen. Gewöhnlich sind wir mit unseren Aufgaben so beschäftigt, daß wir völlig vergessen, daß das, was wir tun, ein Teil von uns ist – ein Spiegel unserer Werte, Einstellungen und Auffassungen. Langfristig gesehen sind es nicht unser Talent, unser Know-how oder unsere Erfahrung, die den größten Eindruck hinterlassen – sondern wir selbst als Person. Wie bringen Sie sich selbst in Ihre Arbeit ein?

Obwohl ich mir bewußt bin, daß ich die NFL nicht ohne besonders talentierte Spieler gewinnen kann, achte ich auch auf den Charakter der Spieler – in manchen Fällen hat der Charakter sogar Vorrang.

■ Don SHULA

> ***Coach Shula ist ein penibler Mensch. Er verlangt, daß seine Trainer über die Spieler, für die sie verantwortlich sind, alles wissen – wieviel sie wiegen, was sie denken etc. Manchmal sieht es nach Babysitting aus, aber er will eben, daß man sich voll und ganz für die Sache engagiert. Wir sind es auch im wesentlichen, die ihm Informationen vermitteln, wenn es darum geht, wer gehen soll und wer bleibt. Er verlangt, daß wir dabei so ehrlich wie möglich sind, ohne uns von Ressentiments beeinflussen zu lassen. Wir sagen unsere Meinung, und dann liegt es an ihm, die Entscheidungen zu treffen. Er will es mit tadellosen Sportlern und tadellosen Menschen zu tun haben.***
>
> ■ Joe GREENE

> ***Alle Spieler respektieren Joe Greene. Ich gebe viel auf Joes Urteil. Er ist ein korrekter Mensch. Wenn er etwas sagt, dann hat das Gewicht.***
>
> ■ Don SHULA

■ SHULA

Es war mir immer bewußt, daß ich nur mit guten Leuten gewinnen kann. Für mich jedoch ist der Charakter eines Spielers genauso wichtig wie seine sportlichen Fähigkeiten. Charakter hat etwas mit der Persönlichkeitsstruktur einer Person zu tun. Er steht für die Wechselbeziehung zwischen Überzeugung und Handeln.

Sind Sie zuverlässig? Sind Sie immer da, wenn es brennt? Manchmal habe ich mich für Spieler wegen ihrer Begabung entschieden und den Charakter vernachlässigt – jedes Mal mußte das Team dafür bezahlen. Wenn sich ein Spieler als fauler Apfel erweist, müssen wir ihn ersetzen, bevor er den Rest ansteckt. Am Ende eines jeden Trainingstages setze ich mich mit meinen Trainern zusammen und spreche mit ihnen über das Training und die Spieler. Ich erwarte von den Trainern, daß sie jeden Spieler so gut wie möglich kennenlernen und herausfinden, was in ihm vorgeht. Ich möchte wissen, wie die verschiedenen Spieler in verschiedenen Situationen reagieren, wie lern- und anpassungsfähig sie sind, wie sie mit Verletzungen umgehen, ich will ihre Arbeits- und Lernmethoden kennenlernen. Je mehr unsere Trainer über die Spieler wissen, desto besser können sie entscheiden, ob dieser Spieler zu den Dolphins paßt. Einige Male habe ich Verhalten geduldet, das nicht meinem Standard entsprach, weil die Leistung des Spielers sehr gut war, aber nur so lange, bis ich einen Besseren finden konnte. Im allgemeinen entscheide ich mich gegen einen Spieler, dessen Charakter und Persönlichkeit nicht zu den Dolphins paßt.

Meine Ansicht, daß man mit integren Leuten gewinnen kann, wurde in den letzten Jahren bestätigt. Im Laufe der Jahre betreute ich viele Spieler, die, oberflächlich betrachtet, nicht besonders talentiert schienen, aber hervorragende

Charaktereigenschaften mitbrachten und ungeheuer motiviert waren. Im Team von 1972 gab es dazu mehrere Beispiele, wie etwa Howard Twilley, »Mr. Zuverlässig«. Wenn man Howard beobachtete, mußte man feststellen, daß er weder groß noch schnell genug war, aber er hatte das größte Herz und die größten Hände der Welt. Nick Buoniconti gehört in dieselbe Kategorie. Nick war weder groß noch schnell oder stark genug, aber mit seiner Ausdauer, seinem Enthusiasmus und seiner Liebe zum Football war er einer der besten Spieler, die wir je hatten. Er reagierte flexibel und machte kaum Fehler. Norm Evans und Manny Fernandez waren genauso. Sie waren immer da, wenn man sie brauchte. Das gilt auch für Bob Griese und Earl Morrall. Mit solchen Leuten wird man gern in Verbindung gebracht.

In den letzten Jahren hatte ich einige charakterlich sehr stabile Spieler. Als erster fällt mir dabei Keith Byars ein, der 1993 von Philadelphia zu uns kam. Im ersten Jahr hatte er eine sehr gute Saison und wurde zu unserem MVP (Most Valuable Player) gewählt. Er ist ein erstklassiger Bursche. Er versäumt kein Training und gibt immer 150 Prozent. Dann wären da noch Irving Fryar – ein sehr guter Mann – und Rich Webb. Dan Marino ist eine geborene Führungspersönlichkeit. Es war bewundernswert, mit welchem Enthusiasmus er nach einer Verletzung der Achillessehne, die ihn 1993 unvermittelt aus dem Verkehr zog, wieder zum Training zurückkam. Er wollte das große Spiel – den Superbowl –, so wie ich. Ich brauche Kerle wie ihn, die bereit sind, Führungspositionen zu übernehmen, wo und wann immer es nötig ist.

Wenn die Spieler wieder ins Lager kommen, um das Training für die Vorsaison aufzunehmen, machen wir als erstes einen 300-Meter-Lauf, um zu sehen, wie es mit der Kondition der Mannschaft steht. Jeder ist anschließend außer Atem und froh, wenn es vorbei ist. Im Jahre 1994 lief Keith Byars noch eine zusätzliche Runde. Danach sagte er: »Die war für den Superbowl.« Kann man sich ein vorbildlicheres Verhalten wünschen? Es traf uns wirklich hart, als Keith Mitte des Jahres verletzt wurde und die Saison für ihn gelaufen war. Manchmal steckt diese Art von Leadership die anderen an.

Einige werden sich vielleicht daran erinnern, daß das Superbowl-Team von 1972 nach dem zweiten Drittel, wenn normalerweise jeder außer Atem ist, an das gegenüberliegende Ende des Feldes zu laufen pflegte. Ich könnte mir vorstellen, daß nicht jeder Spieler Lust dazu hatte, aber wenn der Mannschaftskapitän ihm ein solches Beispiel gibt, färbt der Enthusiasmus ab.

Ich finde es einfach schrecklich, wenn jemand mit guten Voraussetzungen keinen Ehrgeiz hat. Wir hatten einen jungen Spieler, von dessen Fähigkeiten ich überzeugt war, aber wir konnten ihn nicht dazu bewegen, zum Training zu erscheinen. Er mußte gehen. In zehn Jahren wird er sich fragen, ob er das Zeug zu einem Profispieler gehabt hätte. Er hatte eine Chance, aber man kann niemandem helfen, der einfach nicht auftaucht.

Ich versuche, dem Spieler jede Bewährungsmöglichkeit zu geben, die er braucht. Vor einiger Zeit hatten wir einen Spieler, der groß und stark genug war, ein Haus zu bewegen, aber er hatte keinen Mut. Der Kerl konnte nie die nötige Leistung bringen. Wir gaben ein Vermögen für ihn aus und boten ihm einen großen Bonus an. Wir mußten ihn schließlich gehen lassen. Nach zwei Jahren war er seiner Aufgabe immer noch nicht gewachsen. Er konnte sich nicht einreihen, er konnte sich den Spielplan nicht merken. Als wir einmal ein Spiel simulierten, verpaßte er einfach seinen Mann, und Marino wäre aus dem Spiel gewesen. Er sagte einfach: »Wiederholen wir das ganze noch einmal.« Aber es ist nicht zu wiederholen. Im Leben gibt es keine zweite Chance.

Die nicht meßbaren Charaktereigenschaften sind am schwersten zu erfassen. Wie kann man prüfen, ob jemand Courage hat? Dafür gibt es keinen Test. Am besten orientiert man sich an dem Verhalten in der Vergangenheit: Wenn wir an den Schulen neue Spieler aussuchen, sprechen wir mit den Trainern. Wir unterhalten uns auch mit dem Sportwart, denn er kennt die Spieler meist recht gut. Auch wenn wir die Spieler bereits ein Jahr bei uns haben, überrascht der eine oder andere uns auf positive oder auch negative Weise. Einer unserer Spieler erhielt vor einigen Jahren ein Jahresgehalt von einer Million Dollar, doch dann hatte er Probleme mit Drogen und ruinierte sich selbst. Wir mußten ihn schließlich ziehen lassen. Tom Heckert, der Personaldirektor, mußte diese Aufgabe übernehmen. Das ist ein undankbarer Job, aber was sein muß, muß sein. Wir können es uns nicht leisten, Spieler in unserem Team zu haben, die nicht hineinpassen.

■ Tom BRAATZ
Miami Dolphins
Director of College Scouting

■ BLANCHARD

Als meine Frau Margie und ich unser Unternehmen gründeten, nahmen wir uns vor, nur Leute einzustellen, die wir sympathisch fanden. Wir hatten dafür eine Regel: Wenn ein Bewerber zur Tür hereinkam und wir ihn nicht auf Anhieb sympathisch fanden, stellten wir ihn nicht ein. Das war einfach, als unser Unternehmen noch klein war, aber wir sind davon überzeugt, daß es immer noch wichtig ist. Unsere drei wichtigsten Werte sind:

(a) Integrität; das Richtige tun,

(b) zwischenmenschliche Beziehungen; eine Umgebung von Vertrauen und Respekt aufbauen und

(c) Erfolg; unsere Unternehmensziele realisieren.

Vor kurzem mußten wir uns zu unserem größten Bedauern von unserem besten Trainer im Bereich Produktion trennen, denn er verletzte ständig zwei unserer wichtigsten Werte, Integrität und zwischenmenschliche Beziehungen. Solche Entscheidungen fallen nie leicht, doch wenn die Leute, mit denen Sie zusammenarbeiten, Ihren Ansprüchen nicht gerecht werden, kommt es unweigerlich zu Problemen.

Mary Kay Ash, die Gründerin von Mary Kay Cosmetics, wurde einmal gefragt, wie sie es geschafft hätte, daß alle Mitarbeiter ihrer Verkaufsmannschaft so freundlich und zuvorkommend seien. Sie gab zur Antwort, daß sie nur liebenswürdige Leute eingestellt und dazu eine Organisation aufgebaut hätte, in der diese Leute so liebenswürdig sein konnten, wie sie von Natur aus waren. Ich hielt vor kurzem im Ritz-Carlton in Laguna Niguel, Kalifornien, einen Vortrag. Dieses Hotel wurde unlängst zum besten Hotel der Vereinigten Staaten gewählt. Einige der Teilnehmer wunderten sich, wie die Hotelleitung es schaffte, daß die Angestellten des Hotels bereit waren, für ihre Gäste mehr als den üblichen Service zu leisten. Während einer Pause fragte ich zwei der Hotelangestellten: »Liegt Ihr Service über dem Durchschnitt, weil Sie so nette Menschen sind, oder weil die Hotelleitung es Ihnen vorschreibt?«

»Beides«, antworteten sie. »Wir stellen gute Leute ein, aber sie müssen bei uns auch ein umfangreiches Ausbildungsprogramm absolvieren, das eine zweitägige Orientierungsphase und 21 Tage Praxis unter Aufsicht umfaßt. Nach diesem Programm setzen wir uns mit unserem neuen Mitarbeiter zusammen, um mit ihm über seine Zukunft in unserem Unternehmen zu sprechen.«

Gute Mitarbeiter sind kein Zufallsprodukt. Sie müssen eingestellt, ausgebildet und beobachtet werden, damit sie sich dem Wertesystem Ihrer Firma gemäß verhalten.

Für den Meister der Lebenskunst gibt es kaum Unterschiede zwischen Arbeit und Spiel, Geist und Körper, Information und Entspannung, Liebe und Religion. Er ist sich des Unterschieds kaum bewußt. Er verfolgt einfach in allem seine Vision von Perfektion und überläßt es anderen zu entscheiden, ob er spielt oder arbeitet. Für ihn ist es ein und dasselbe.

■ James MICHENER

■ SHULA

Ich werde immer wieder gefragt: »Don, was motiviert dich? Wie kommt es, daß du seit über 30 Jahren dasselbe tust?« Meine Antwort ist immer dieselbe: »Wenn die Stadien voll sind und die Masse tobt und der Schiedsrichter seine Hand hebt, um das Spiel zu eröffnen, spüre ich, wie das Adrenalin durch meinen Körper schießt. Dann möchte ich nirgendwo sonst auf der Welt sein. Ich empfinde es als besonderes Glück, das zu tun, was ich gerne tue, und dafür auch noch bezahlt zu werden.«

Ein Bürojob wäre nichts für mich. Ich liebe Football, und ich liebe Coaching. An Football hat mich immer der Wettkampf begeistert – und der geistige Aspekt. Man muß körperlich fit sein und große athletische Fähigkeiten besitzen – und wissen, was man tut. Und man muß wollen. Ich will jedes Spiel gewinnen, wenn wir aber verlieren, dann möchte ich aus dieser Erfahrung soviel lernen wie nur irgend möglich, um bei der nächsten Begegnung besser vorbereitet zu sein.

Für mich ist die Freude am Trainieren keine zufällige Begleiterscheinung; sie ist die Voraussetzung für den Erfolg. Deshalb steht sie auf meiner Liste. Manchmal schwenkt die Kamera während eines Spiels auf den Coach, um seine Freude oder seinen Zorn zu zeigen. Die Menschen wollen diese Leidenschaft sehen, bei der das ganze Engagement und die ganze Energie auf das Team konzentriert ist. Man kann Begeisterung nicht vortäuschen, man hat sie oder man hat sie nicht. Wenn Coaching Sie begeistert, sollten Sie bereit sein, vollen Einsatz zu zeigen. Wenn nicht, sollten Sie diesen Job anderen überlassen.

Ken und ich haben uns letzten Dezember das Spiel zwischen Florida und Alabama angesehen. In der Halbzeit sprachen Terry Bowden, Headcoach bei Aubrun, und sein Vater Bobby Bowden von Florida State darüber, wer Landesmeister werden würde. Joe Paterno von Penn State wurde über Satellit zugeschaltet, und sie fragten ihn, wer wohl die Meisterschaft gewinnen würde – sein eigenes Team, die Nittany Lions, oder Alabama, die zu der Zeit noch keine Niederlage erlitten hatten, oder Nebraska. Joe wollte sich dazu nicht äußern. Er sagte, daß er sich für sein Team freut, daß sie in den Rosebowl kommen, und er wolle die Freude daran nicht schmälern, indem er sich auf eine sinnlose Diskussion über die Landesmeisterschaften einläßt. Ich konnte Paterno nur zustimmen. Die Presse versucht, uns zu Vergleichen und Prognosen zu bringen. Ich möchte jedes einzelne Spiel an sich genießen können.

Wenn ich einen Posten als Headcoach angeboten bekomme, dann nehme ich ihn an. Es ist wichtig, daß mir meine Arbeit Spaß macht. Wenn der Tag kommt, an dem es nicht mehr so ist, werde ich mir eine andere Aufgabe suchen.

■ Joe GREENE
Defensive-Line-Coach
Miami Dolphins

■ BLANCHARD

Die meisten Leute machen einen großen Unterschied zwischen Arbeit und Vergnügen. Arbeit wird als notwendiges Übel betrachtet, während man in der Freizeit das tut, wozu man wirklich Lust hat. Für mich besteht diese Unterscheidung eher in der Theorie als in der Praxis, denn beides verlangt physischen und psychischen Einsatz. Konfuzius sagt: »Wähle die Arbeit, die du liebst, und du wirst nie wieder in deinem Leben arbeiten müssen.« Die beste Arbeit ist die, bei der man keinen Unterschied zwischen Arbeit und Vergnügen verspürt. Die besten Manager sind jene, die absolut hinter ihrer Sache stehen und ihre Arbeit lieben. Don Shula ist ein großartiger Coach, denn für ihn gibt es nichts, was er lieber täte, als sein Team zum Sieg zu führen. Eine Möglichkeit, wie Sie eine unmittelbare Beziehung zu Ihrer Arbeit entwickeln können, ist die Ausformulierung einer ganz persönlichen Mission, die Sie durch Ihre Arbeit erfüllen möchten.

Wesentlich dabei ist, daß Sie herausfinden, welche Aufgabe Ihnen soviel Freude bereitet, daß Sie dabei die Zeit vergessen. Ich habe festgestellt, daß ich am zufriedensten bin und die besten Leistungen erbringe, wenn ich unterrichte oder schreibe. (Diese Zeilen schreibe ich zum Beispiel um 4 Uhr nachts.) Ich wünsche mir auch, daß ich im Leben anderer etwas bewirken kann. Also lautet meine Mission wie folgt: ein guter Lehrer sein und in kleinen Dingen mit gutem Beispiel vorangehen, um sich selbst und anderen dabei zu helfen, die Gegenwart Gottes zu spüren.

Ich sage die »Gegenwart Gottes spüren«, denn ich glaube an eine höhere Macht. Vielleicht gehe ich bei einigen Lesern ein Risiko ein, wenn ich Gott in diesem Buch erwähne, aber ich halte es für falsch, zu glauben, es gäbe keine höhere Macht als einen selbst. Im Herbst letzten Jahres hielten

Margie und ich im Yosemite Park ein Seminar über persönliche Bestleistungen. Einer der Teilnehmer protestierte, als ich einen Hinweis auf eine höhere Macht brachte. Am Wochenende fuhren wir dann mit den Seminarteilnehmern zum Glacier Point, der 915 Meter über dem Tal liegt. Man hat von dort eine herrliche Aussicht. Wir wollten mit unseren Teilnehmern an der Formulierung ihrer individuellen Vision arbeiten. Ich beobachtete, wie mein ungläubiger Freund am Rande des Gletschers stand und nachdenklich das überwältigende Bild, das sich uns bot, betrachtete. Ich stellte mich neben ihn, und für einige Momente hielten wir inne und ließen die Atmosphäre auf uns wirken. Dann sagte ich: »Ist das alles nicht ein schöner Zufall?« Da mußten wir beide lachen.

Ich glaube, die größte Sucht in der heutigen Welt ist der Egoismus. Wie ich schon früher erwähnte, bedeutet EGO: »Edging God Out« (Gott verdrängen – und sich selbst zum Mittelpunkt machen). Einer der Gründe, warum ich gerne mit Don Shula arbeite, ist seine Liebe zum Football, sein Wunsch, in der Welt etwas zu bewegen, und sein Glaube an eine höhere Macht. Sie können dieses Gleichgewicht auch herstellen, wenn Sie für sich eine Mission formulieren und sie als Entscheidungsgrundlage für Ihre weitere Laufbahn nehmen.

ERFOLGSGEHEIMNIS NR. 2

OVERLEARNING

Letztendlich geht es beim Coaching darum, Details zu beachten und Ergebnisse zu prüfen – dadurch kann eine Führungskraft ihre Vision umsetzen und ihre Ziele erfüllen. Shula nennt dies »Overlearning«. Eine übergenaue Vorbereitung ist die Basis für Shulas System des Overlearnings. Es gilt, die Anzahl der Aufgaben, die ein Spieler zu erfüllen hat, zu beschränken, Trainingsfehler zu verringern und die Spieler dazu zu bringen, ihre Aufgaben so gut zu meistern, daß sie dieselben im Spiel dann wie im Schlaf beherrschen. Er glaubt daran, Perfektion durch ständiges Üben erreichen zu können.

■ Ken BLANCHARD

Ein Mann betritt ein Krankenhaus, fährt mit dem Fahrstuhl in den zweiten Stock und fragt die Krankenschwestern nach einem bestimmten Patienten. Sein Gesicht ist ernst, während er den Flur entlang auf das Krankenzimmer zugeht. Er tritt ein und bewegt sich auf ein Bett zu, in dem ein bandagierter Mann liegt. Der Patient sieht ihn und lächelt zaghaft. Er hebt den Arm, an dem Schläuche befestigt sind.

»Vielen Dank, daß Sie gekommen sind, Coach.«

»Wie geht's?«

»Oh, ganz gut.« Der traurige Blick der tiefliegenden Augen erzählt eine ganz andere Geschichte.

Es folgt eine lange Pause. Schließlich lehnt sich der Besucher über das Bett und geht ganz dicht an den Kranken heran.

»Hör zu, Mike! Ich brauche dich im Juli im Trainingslager – auf dem Spielfeld, einsatzbereit! Dieses Jahr geben wir alles!«

Mike Westhoff besiegte den Knochenkrebs und ist immer noch Trainer bei den Dolphins. Er hat über Shula folgendes zu sagen: »Ich dachte, er würde mich sanft anfassen, aber das tat er nicht. Er behandelte mich so, wie ich sein konnte, nicht so, wie ich war.«

■ SHULA

Mein erstes Ziel ist es, aus meinen Spielern – ihrem Talent entsprechend – das Beste herauszuholen. Ich bin der Überzeugung, wenn unsere Coachingmannschaft es schafft, aus jedem Spieler das Beste herauszuholen, wird das Team insgesamt zu Spitzenleistungen fähig sein. Dies ist keine Frage der reinen Addition – ganz im Gegenteil, wenn das ganze Team brodelt und alle an einem Strang ziehen, ist das Team mehr als nur eine Ansammlung von einzelnen Spielern. Da ich weiß, daß Perfektion nur möglich ist, wenn alle Abläufe automatisch vor sich gehen, bestehe ich auf Overlearning.

Overlearning bedeutet, daß die Spieler auf ein Spiel so gut vorbereitet sind, daß sie das Können und das Selbstvertrauen für ein gutes Spiel mitbringen. Mehr als alles andere ist Overlearning – ständiges Training und ständige Konzentration auf die Richtigkeit aller Details – die Voraussetzung für das Selbstvertrauen beim Spiel. Wenn Spieler ganz genau wissen, was sie zu tun haben bzw. wie sie etwas tun müssen, dann blühen sie in Streßsituationen geradezu auf. Sie brennen darauf, sich ins Gefecht zu stürzen.

Dieses Verlangen, im Zentrum des Geschehens zu sein, war besonders charakteristisch für das Team 1972. Ich besetzte eine Position abwechselnd mit einem von zwei Spielern. Wenn ich einen an einem Spielsonntag nicht eingesetzt hatte, kam er am nächsten Montag in mein Büro, um sich darüber zu beschweren. Sie wollten spielen, sie wollten mitmischen. Sie wollten nicht auf der Bank sitzen, während auf dem Spielfeld Entscheidungen fielen.

Unsere Coaches bemühen sich sehr, die Spieler soweit zu bringen, daß sie auf ihre Trainingsleistung stolz sind und beim täglichen Training alles geben – dort also, wo weder Publikum noch Reporter sie sehen. Das Konzept der Trainingsperfektion ist für manche Spieler schwer zu verstehen. Oft kommt es vor, daß sie von den Anstrengungen des Spieles der Vorwoche noch müde und erschöpft sind. Und dann komme ich und verlange von ihnen, daß sie sich geistig und körperlich voll auf das Spiel konzentrieren und ein hartes Trainingsprogramm erfüllen. Manchmal würden die Spieler lieber den leichteren Weg gehen. Wie Kinder meutern sie, »daß keines der anderen Teams so hart trainiert«. Das stimmt, aber diese Mannschaften haben meistens weniger Erfolg.

Es mag ein Klischee sein, aber es stimmt: Jeder spielt nur so gut, wie er trainiert. Ständig hart zu trainieren ist die beste Methode. Die Coaches und die Spieler müssen die vier Komponenten des Overlearnings verstehen:

1. die Anzahl der Ziele einzuschränken;
2. die einzelnen Spieler zur Beherrschung ihrer Aufgaben zu führen;
3. die Trainingsfehler der Spieler zu verringern;
4. ständige Leistungsverbesserung anzustreben.

Wenn es etwas gibt, das ich hasse, dann ist das ein vermasseltes Spiel. Wenn niemand da ist, an den der Ball abgegeben werden kann. Nur mit Glück schaffen wir es zurück bis zur Anspiellinie und verlieren bloß einen Versuch. Und wissen Sie, wie diese Situation entsteht? Jemand auf dem Spielfeld hat zu lange darüber nachgedacht, was er zu tun hat. Das Spiel wurde angepfiffen, und der Runningback wußte nicht, ob er nun geradeaus oder nach rechts laufen sollte. Bei Spielbeginn ist er noch am Überlegen, anstatt schon zu reagieren. Er sollte die Spielstrategie so gut kennen, daß er bei Anpfiff des Spiels sozusagen auf Autopilot schaltet, also automatisch losrennt und die nötigen sieben Yards für uns gewinnt.

■ BLANCHARD

Shulas Overlearning-Prinzip basiert auf hohen Erwartungen, die er an seine Mitarbeiter und Spieler stellt. Die meisten Menschen reagieren positiv auf Führungskräfte, Manager, Coaches und Eltern, die an sie hohe Erwartungen stellen und Vertrauen in sie setzen. J. Sterling Livingston bezieht sich in seinem zum Klassiker gewordenen Artikel »Pygmalion im Management« in der Harvard Business Review auf die Worte von Eliza Doolittle an Colonel Pickering aus dem Musical »My Fair Lady«: »Sehen Sie, offen und ehrlich, abgesehen von den Dingen, die sich jeder aneignen kann (die Art sich zu kleiden und zu sprechen usw.), ist der Unterschied zwischen einer Lady und einer kleinen Blumenverkäuferin nicht ihr Benehmen, sondern die Art, wie man sie behandelt. Für Professor Higgins werde ich immer eine Blumenverkäuferin sein, und er behandelt mich auch entsprechend. Aber ich weiß, daß ich für Sie eine Lady sein kann, denn Sie behandeln mich immer wie eine Lady und werden es auch immer tun.«

Livingston fand heraus, daß manche Manager ihre Mitarbeiter so behandeln, daß sie ihre beste Leistung bringen, doch die meisten Manager – ganz wie Professor Higgins – behandeln ihre Mitarbeiter unabsichtlich so, daß die Leistung, die sie bringen, nicht dem entspricht, was sie zu leisten fähig sind. Die Art und Weise, wie Manager ihre Mitarbeiter behandeln, ist stark von den Erwartungen, die sie an ihre Mitarbeiter stellen, beeinflußt. Wenn die Erwartungen des Managers hoch sind, ist die Produktivität ebenfalls hoch. Wenn die Erwartungen niedrig sind, ist die Produktivität wahrscheinlich auch niedrig. Es ist fast wie ein natürliches Gesetz, das bewirkt, daß die Leistungen eines Mitarbeiters proportional zu den Anforderungen des Vorgesetzten steigt oder fällt. Meine Frau Margie hat oft gesagt, daß einer der Gründe, warum sie in ihrer Jugend nie in größere Schwierigkeiten kam, der ist, daß sie wußte, daß ihre Eltern große Erwartungen in sie setzten. Sie sollte ein Vorbild für ihre jüngere Schwester sein und wollte ihre Eltern nicht enttäuschen.

Wenn sich unter ihren Mitarbeitern einer befindet, von dem Sie nicht viel halten, dann erscheint es mir als Ihre Pflicht, ihn in eine andere Abteilung versetzen oder einem anderen Team zuteilen zu lassen. Denn es spielt keine Rolle, wieviel Mühe Sie sich geben, Sie werden immer dazu tendieren, ihn so zu behandeln, als sei er zu nichts fähig. Und er wird Sie immer wieder in Ihrer Ablehnung bestätigen.

Ich stelle Leuten oft die folgende Frage: »In Anbetracht der Zeit, die Sie an Ihrer Arbeitsstelle verbringen, würden Sie lieber als durchschnittlich oder überdurchschnittlich bewertet werden?« Die Antwort lautet: »Überdurchschnittlich!« Und doch – erbringen die meisten Leute in ihrem Arbeitsbereich überdurchschnittlich gute Leistungen? Natürlich nicht. Und der Hauptgrund liegt in der negativen Einstellung der Führungskräfte, Manager, Coaches und Eltern, die glauben, daß die meisten Menschen faul, unzuverlässig und verantwortungslos seien. Diese Einstellung schlägt sich in ihrem Umgang mit den Menschen nieder und letztlich auch in deren Leistungen.

Ist es auch nur im geringsten verwunderlich, daß es Don Shula gelungen ist, seine Mannschaft zu Spitzenleistungen zu motivieren? Sein Overlearning-System verlangt von den Spielern eine überragende Leistung. Die Erwartungen, die er in die Trainer – und selbst in die Schiedsrichter – setzt, verlangen ihnen immer noch bessere Leistungen ab. Er fordert sich und die Spieler ständig. Es gibt kein deutlicheres Beispiel dafür, als die Art, wie er den Special-Teams-Coach Mike Westenhoff behandelte, als dieser an Krebs erkrankt war.

Der Coach arbeitet hart und erwartet, daß die anderen das auch tun. Er stellt hohe Anforderungen an andere, auch damals an mich, als ich Krebs hatte. Als ich in das Trainingslager kam, ging ich auf Krücken, trug ein riesiges Korsett und hatte kein einziges Haar mehr auf dem Kopf. Ich mußte häufig das Büro verlassen, um mich zu übergeben, da die Chemotherapie meinem Körper schwer zusetzte. Eines Tages hatten wir ein Meeting, und Don und ich gerieten über einen Kicker in Streit. Don behandelte mich nicht nur nicht zimperlich – er nahm mich hart ran. Ich wußte, daß ich recht hatte, aber er wollte sichergehen, daß ich meine Lektion gelernt hatte. An diesem Tag konzentrierte ich mich so intensiv auf meine Arbeit, daß ich mich nicht übergeben mußte und am Abend eine volle Mahlzeit aß. Damals war ich noch nicht bereit, danke zu sagen, aber rückblickend ist mir bewußt, daß ich deshalb so hart arbeitete, weil Don mich nicht wie einen Außenseiter behandelte und ich mir selbst beweisen wollte, daß ich recht hatte – worauf ich mich wieder völlig normal fühlte. Als wir gegen die Steelers antraten, ging das Korsett kaputt, das ich letztes Jahr die ganze Saison hindurch getragen hatte. Ich zog es aus und nie wieder an. Der Coach hat darüber nie ein Wort verloren. Ich trainierte die ganze Saison mit einem Stock. Don Shula hat mich nie behandelt, als sei ich körperlich beeinträchtigt. Er sieht in dir das, was du sein könntest – nicht das, was du bist.

■ Mike WESTHOFF,
Special-Teams-Coach der Miami Dolphins, erhielt
von den Dolphins-Spielern eine besondere Auszeichnung
für den Mut, den er in der Saison 1989 bewies.
Er erhielt den *Ed Block Courage Award* der NFL.

Der ehemalige Schiedsrichter Art Holst ist der Ansicht, daß sich hervorragende Coaches wie Shula, Landry und Lombardi von anderen dadurch unterscheiden, daß sie von ihren Spielern mehr erwarten als die Spieler von sich selbst. »Shula kann ein Talent einschätzen. Gleichgültig, ob Spieler es sich selbst zutrauen oder nicht, er spürt, wozu ein jeder fähig ist. Er ist der Meinung, daß Coaching dazu da ist, die Spieler soweit zu bringen, daß sie sich eine gewisse Leistung zutrauen und diese dann auch erbringen. Shula glaubt dasselbe auch von den Schiedsrichtern.«

Jim Tunney, 30 Jahre lang NFL-Schiedsrichter und heute im Ruhestand, gibt ihm recht: Shulas Ansprüche an sich selbst und seine Spieler sind hoch, aber er stellt auch an die Schiedsrichter hohe Anforderungen. Er erwartet, daß man zur rechten Zeit an der richtigen Stelle ist, um rechtzeitig die richtige Entscheidung zu treffen. Er verlangt, daß man die ganze Zeit vollen Einsatz bringt. Ebenso ist er der Ansicht, daß man nicht pfeifen sollte, wenn man nicht in der richtigen Position steht. Shula weiß genau, in welcher Position man stehen muß, um zu pfeifen. Die anderen Coaches – mit ein oder zwei Ausnahmen – haben davon keine Ahnung. Wenn man eine Entscheidung zum Nachteil der Dolphins fällt und nicht in der richtigen Position steht, dann kriegt man das zu spüren. Shula wird sich sofort beschweren. Er hat den Ruf, daß er mit den Schiedsrichtern streng umgeht, was zwei Gründe hat: erstens ist Don im Rules Commitee und kennt die Regeln wahrscheinlich besser als jeder andere Coach. Zweitens trainiert er mit den Schiedsrichtern, die bei seinem Vorsaison-Training anwesend sind. Er arbeitet hart mit seinen Spielern, damit sie die Regeln beherrschen und sie einhalten. Wenn daher einer seiner Spieler eine Verwarnung erhält, dann geht Shula davon aus, daß der Fehler beim Schiedsrichter liegt, weil kein Spieler aus seinem Team riskieren würde, durch ein solches Fehlverhalten Shulas Zorn zu erregen. Muß ich über die Macht von Don Shulas hochgesteckten Erwartungen noch mehr sagen? Bringen Menschen bessere Leistungen, weil sie in seiner Nähe sind? Sein Rekord spricht für sich selbst.

Don Shula erwartet von den Leuten immer, daß sie ihr Bestes geben. Auch wenn das Spiel schon zugunsten der Dolphins entschieden ist und nur noch zwei Minuten zu spielen sind, ist Shula immer noch auf 180. Man möchte fast sagen: »He, Coach, alles in Ordnung. Wir haben das Spiel gewonnen. Entspann dich!«

■ Dan MARINO
Quarterback der Miami Dolphins

Ich glaube, der Prozeß der Zielsetzung als solcher wird überschätzt.

■ Don SHULA

■ SHULA

Ich glaube, sich Ziele zu setzen, ist wichtig, doch die meisten Unternehmen messen dem zu viel Bedeutung bei und vernachlässigen darüber die Umsetzung der Ziele. Ich weiß, daß es zumindest für die NFL zutrifft. Die meisten Mannschaften gehen zur gleichen Zeit ins Trainingslager und beginnen ihr Programm für die Vorsaison mit einem Meeting. Bei diesem Meeting erhebt sich für gewöhnlich der Coach und listet die Ziele auf, die er dieses Jahr mit dem Team erreichen will. Die meisten Coaches sagen das gleiche. Sie wollen in die Ausscheidungsspiele kommen und im Idealfall den Superbowl gewinnen. Für mich ist die Umsetzung des Zieles viel wichtiger als dessen Formulierung. Die Aufmerksamkeit für Details, die Forderung nach perfekter Trainingsleistung und all das, was ein erfolgreiches Team von einem erfolglosen unterscheidet. Diese Kleinigkeiten unterscheiden erfolgreiche Headcoaches von denen, die ihren Verein verlassen müssen. Hier wird der Spielplan bedeutsam: Ich werde Ihnen schildern, wie das alles vor sich geht.

Nach dem Spiel setze ich mich mit unseren Trainern sobald wie möglich zusammen, um die Aufzeichnungen zu analysieren und dem Team am nächsten Tag Feedback zu geben. Jahrelang gab ich den Spielern am Tag nach dem Spiel (gewöhnlich ein Montag) frei. In den letzten Jahren verlange ich ihre Anwesenheit auch montags, um (a) einen Eindruck zu bekommen, ob die Spieler verletzt sind, (b) sie ein bißchen laufen zu lassen und (c) ihnen die Aufzeichnungen zu zeigen, damit jeder sehen kann, was wir gut gemacht haben und was wir verbessern müssen.

Den Dienstag gebe ich den Spielern frei, aber für die Trainer ist es ein langer Arbeitstag. An diesem Tag machen wir die Planung und entwickeln den Spielplan für unseren nächsten Gegner. Nachdem wir die gegnerische Strategie analysiert haben, überlegen wir uns, wie wir die Defensive des Gegners am ehesten durchbrechen können. Es kann sogar vorkommen, daß wir völlig neue Strategien entwickeln. Wir stellen für unsere Offensive und unsere Defensive einen Spielplan zusammen und verteilen ihn an die verschiedenen Teams. Der fertig ausgearbeitete wöchentliche Spielplan für die Defensive oder Offensive kann mehr als 30 Seiten lang werden. (Heute muß ich lachen, wenn ich daran denke, daß die Spielpläne für das Special Team in meiner Anfangszeit bei den Baltimore Colts lediglich zwei Seiten lang waren. Heute kann ein solcher Spielplan bis zu 20 Seiten lang werden.)

Wenn die Spieler mittwochs wieder ins Training kommen, können wir ihnen den Spielplan aushändigen und unsere ganze Energie auf das nächste Spiel konzentrieren. Jeder Tag hat nun seinen eigenen Ablauf: Mittwoch ist der Tag der Offensive; wir gehen den entsprechenden Spielplan mit den Spielern Seite für Seite durch. Wir wollen sicherstellen, daß sie auch nicht den leisesten Zweifel hegen hinsichtlich dessen, was wir bezüglich der Offensive von ihnen erwarten. Einige der Ausführungen geschehen vor dem ganzen Team, aber das meiste wird von Assistenztrainern übernommen, die für einen bestimmten Bereich der Verteidigung zuständig sind. Wenn jeder verstanden hat, worum es geht, setzen wir das ganze auf dem Spielfeld in die Praxis um. Unsere Defensive simuliert in dieser Trainingssequenz das gegnerische Team.

Mittwoch abend bereiten wir das Training für den kommenden Tag vor und konzentrieren uns ganz auf die Defensivstrategie. Und wieder gehen wir den Plan für die Defensive Zeile für Zeile durch und setzen ihn dann auf dem Spielfeld um. Diesmal simuliert unsere Offensive das gegnerische Team. Nachdem wir den Spielplan für Donnerstag

Mit der Entwicklung der Informationstechnologie erhalten Manager Zugriff auf immer genauere Informationen für ihre Analysen. Einige Leute blockiert das. Don findet es aufregend. Die Technologie, und hier ganz besonders Video, hat das Footballcoaching enorm verändert. Zu Beginn seiner Karriere mußte Don, wenn er während des Trainings eine wichtige Beobachtung machte, einen Assistenten am Rande des Spielfelds anweisen, Notizen zu machen. Jetzt ist alles auf Video und kann vom Coach, den Spielern, aber auch von den Gegnern analysiert werden. Haben Sie auch eine so kindliche Freude an der Fülle und Vielfalt von verfügbaren Informationen wie Don Shula? Als ich ihn dabei beobachtete, wie er einen Spielplan vorbereitete, verstand ich Dons Vergleich zwischen seiner Aufgabe als Headcoach und den Vorbereitungen zu einer militärischen Schlacht.

■ Ken BLANCHARD

durchgearbeitet haben, bereiten wir den Freitag vor, hier liegt die Betonung auf der Green Zone – dem Bereich innerhalb der 20-Yard-Linie. Freitags arbeiten wir an unserer Defensive und Offensive in diesem Bereich und an unserem Kickspiel. Samstag ist die Generalprobe. In dieser Phase wird nicht mit vollem Einsatz gespielt. Wir gehen nur unsere Spielzüge noch einmal durch. Dabei tragen wir keine Schulterpolster und kommen nicht ins Schwitzen. Es ist wie eine Kostümprobe vor der Aufführung. Showtime ist am nächsten Tag. Im Laufe der Woche wird der Plan ständig erweitert, gestrafft und ausgefeilt, damit wir bis zum Spiel einen optimalen Spielplan zusammengestellt haben. Der Plan kommt in eine Schutzhülle, und wir tragen ihn am Rande des Spielfeldes immer bei uns.

Wir erfüllen unsere Zielvorgaben, indem wir den Spielplan umsetzen. Der Spielplan ist das Mittel, alle Anstrengungen in Richtung Spitzenleistung zu lenken: jedes Footballspiel zu gewinnen. Das ist richtiges Coaching.

■ BLANCHARD

Wieviel Aufwand betreibt doch ein erfolgreicher Coach, um ein Spiel zu gewinnen. Diese Art von intensiver Vorbereitung sehe ich in anderen Arbeitsgebieten selten. Leute erscheinen unvorbereitet zu Verkaufsgesprächen und sind kaum über ihre Kunden informiert. Bei Meetings der Firmenleitung kümmert sich der Vorsitzende nicht darum, ob und wie die Tagesordnung zu bewältigen ist. Eltern fragen sich, wie sie ihren Kindern helfen können, in der Schule bessere Leistungen zu erbringen. Es scheint, daß der American Way des Managens darin besteht, Ziele festzulegen, diese als Dateien abzulegen (in ihren Köpfen oder in Ordnern), sich am Ende eines Quartals wieder daran zu erinnern und sich dann zu wundern, warum die Dinge sich nicht wunschgemäß entwickelt haben.

Ziele festzulegen ist wichtig. Eine gute Leistung beginnt mit klar umrissenen Zielen. Ziele geben die Richtung an. Ziele beginnen mit der *Umsetzung* der Ziele. Aber es ist das Coaching – beobachten und prüfen, tagaus, tagein –, das den Unterschied ausmacht. Können Coaching und aufmerksame Nachbereitung in der Geschäftswelt etwas bewirken? Davon sollten Sie besser ausgehen. Ich erzähle Ihnen ein Beispiel.

Mein langjähriger Freund Bob Small ist der Don Shula des Hotelgewerbes. Wir wuchsen zusammen in New Rochelle, New York, auf. Bob hat genau wie Shula sein Geschäft von der Pike auf gelernt. Er begann in unserer High-School-Zeit als Tellerwäscher in einem lokalen Restaurant. Als er sich entschloß, in das Hotelgewerbe einzusteigen, wollte er alles darüber wissen. Zu Beginn seiner Karriere arbeitete er als Küchenmanager im Hotel Vier Jahreszeiten, New York, und als Executive Assistant Manager in dem Fünf-Sterne-Hotel Arizona Biltmore. Als es soweit war, daß er ein Hotel übernehmen wollte, wandte er sich an Willard Marriott sen., den Gründer der Marriott-Hotelkette. Marriott war von Small begeistert und beschloß, ihm eine Chance zu geben. Damit er seine Fähigkeiten beweisen konnte, betraute Marriott ihn mit der Eröffnung des ersten Marriott-Hotels in Europa, in Amsterdam. Als Small dieses Projekt erfolgreich abgeschlossen hatte und das Hotel eine gute Bewertung bekam, beschlossen er und Marriott, das Rancho Las Palmas Marriott in Palm Springs zu bauen. Small brauchte weniger als fünf Jahre, bis auch dieses Hotel fünf Sterne erhalten hatte. Nachdem er kurz den Posten eines regionalen Vizepräsidenten bekleidet hatte, verließ Small Marriott und leitete die Umstrukturierung des Americana-Hotels der Bass-Brüder in Fort Worth, Texas. Nachdem er auch dieses Projekt abgeschlossen hatte, eröffnete Small alle Hotels von Disney World und übernahm dann die Leitung der Fairmont-Hotelgruppe. Kürzlich wurde das Fairmont Hotel in San Francisco wieder in die Triple-A-Diamond-Kategorie aufgenommen.

Wie Shula wurde Small nicht zufällig erfolgreich. Die beiden verfolgen eine ähnliche Strategie. Jede Position wird analysiert. Jeder Bereich mit Kundenkontakt unterliegt strenger Kontrolle. Jede Abteilung und jede Position entwickelt ihren eigenen Spielplan, ausgehend von dem, was Small als Perfektion vorschwebt: Es gilt, fünf Sterne zu erzielen, der Beste zu sein, und es gilt, den Maßstab zu setzen, an dem die ganze Branche gemessen wird.

Mein Sohn Scott machte während seiner Ausbildung zum Hotelmanager an der Cornell-Universität ein neunmonatiges Praktikum bei Small, als dieser mit der Umstrukturierung der Americana-Hotels beschäftigt war. Scott berichtete, was für Energie Small ausstrahlte, als er einmal ein Meeting einberief und die Umbenennung des Hotels in »Worthington« bekanntgab – ein Name, der die Vision, die Small von dem Hotel hatte, besser wiedergab. Jeder Mitarbeiter wurde aufgefordert, eine Erklärung zu unterzeichnen, in der er sich zur Perfektion verpflichtete. Am Ende des Meetings ging jeder einzelne Mitarbeiter nach vorn, gab die unterschriebene Erklärung ab und bekam einen Anstecker mit fünf Sternen, der die Vision veranschaulichte. (Bei Disney gab Small allen Mitarbeitern einen Anstecker mit der Abkürzung D.R.E.A.M. für »Disney Resort Experiences Are Magic«.)

Wie Shula versäumt Small nie das Training. Als er das Americana übernahm, wurde ihm zugetragen, daß einige der Hotelangestellten mit den Hotelgästen etwas trinken gingen, also machte er während des Meetings klar, daß sich die Mitarbeiter nicht mit den Hotelgästen verbrüdern, sondern erstklassigen Service leisten sollten. Trotzdem taten einige der

Angestellten am nächsten Tag wieder das gleiche. Bob ging rüber und forderte sie auf, sich so schnell wie möglich in seinem Büro zu melden, um sich ihre Kündigungsschreiben abzuholen.

Scott arbeitete während seines Praktikums auch im Empfangsbereich. Als dieser Teil des Praktikums beendet war, war Bob der Ansicht, daß Scott etwas zu lässig und lustlos agierte. Er sprach Scott darauf an, und gemeinsam beschlossen sie, daß Scott diesen Teil des Praktikums nochmal wiederholen sollte. Das machte auf Scott großen Eindruck. Bis heute spricht er, wenn es um Bob geht, von Mister Small.

Shula und Small sind die besten Männer auf ihrem Gebiet. Wollen Sie auch der Beste sein? Wenn ja, sollten Sie daran denken, daß die Zielsetzung nur der Anfang ist. Es ist die Arbeit danach – die Konzentration auf Details, das Beaufsichtigen und das Coaching –, das die Dinge ins Rollen bringt. Wie Small sagt: »Das Ziel erreichen ist etwas Herrliches, aber das eigentliche Vergnügen ist der Weg dahin.«

Ich möchte, daß die Spieler ihre Aufgaben so gut beherrschen, daß sie reagieren können, ohne vorher nachdenken zu müssen. Sie können einfach losstarten und das tun, was für einen Sieg erforderlich ist.

■ Don SHULA

■ SHULA

Wenn unsere Spieler ihre Aufgabe nicht kennen, dann neigen sie dazu, gar nicht zu handeln. Ich möchte, daß sie da draußen alles geben. Sie sollten mit ihrer Aufgabe so vertraut sein, daß sie, wenn das Spiel anfängt, rein mechanisch auf Autopilot schalten, so wie man Auto fährt: Ihre Hände und Füße reagieren automatisch, sie müssen nicht darüber nachdenken. Wenn die Spieler durch nichts abgelenkt sind, können sie sich voll auf das Spiel konzentrieren und zum richtigen Zeitpunkt richtig reagieren. Das ist der Grund, warum der Spielplan, den jeder während des Trainings bekommt, so wichtig ist. Er enthält alles, was die Spieler wissen müssen. Für einen noch unerfahrenen oder neu akquirierten Spieler ist das eine Menge. In der ersten Woche sind wir nachsichtig. Aber in der zweiten Woche erwarten wir, daß sie zumindest das Prinzip verstanden haben. Das Spielplan-Konzept habe ich von Paul Brown übernommen, dem ersten Trainer, den ich als Profispieler hatte.

Man kann schon vor dem Spiel abschätzen, ob das Team ein gutes Spiel liefern wird. Ihre gesamte Energie konzentriert sich darauf, das Beste zu geben, als Team zusammenzuspielen. Ihre Aufmerksamkeit wird nicht durch Fragen wie *Was-mache-ich-wenn?* abgelenkt. Wenn es gelingt, diese Störungen zu eliminieren, ist die Wahrscheinlichkeit größer, daß die Spieler in den »Bereich« kommen, in dem Höchstleistungen möglich sind. Das meine ich mit »auf Autopilot schalten«.

Wenn ein Mensch auf Autopilot geschaltet hat, sind das geistige Bild und die tatsächliche Reaktion auf die jeweilige Situation praktisch deckungsgleich. Er denkt nicht darüber nach, er wiederholt einfach das, was er schon tausendmal gedacht und getan hat, als er diesen Spielzug im Training einstudierte. Sein Körper wird sich wie von selbst bewegen, wie ein System von Reflexen. Er kann dann vorausdenken und strategisch wichtige Aktionen einleiten.

Am deutlichsten kann der Zuschauer das an der Position des Quarterback sehen. Wenn Marino beispielsweise einen Paß macht, muß er nicht darüber nachdenken, was er tun soll, und ist somit fähig, Gefahren zu erkennen und ihnen auszuweichen – oft in einem Bruchteil der Zeit, in der er einen Paß macht. Um erfolgreich zu sein, braucht Marino Receiver, die das gleiche tun. Er muß ihre Reaktionsmuster in- und auswendig kennen, damit er sich auf den Ball konzentrieren kann, auch wenn auf dem Feld viel los ist.

■ BLANCHARD

Das »Autopilotkonzept« ist nicht nur im Sport von Bedeutung, sondern auch in anderen Bereichen, wie beispielsweise bei einer öffentlichen Rede. Wenn ich auf eine Rede wirklich gut vorbereitet bin, kann ich besser improvisieren und kreativer sein und damit meiner Präsentation mehr Nachdruck verleihen. Warum? Weil ich mir keine Gedanken darüber machen muß, *was* ich sagen soll. Wenn Sie diese Stufe der Vorbereitung erreicht haben, brauchen Sie keinen Coach im traditionellen Sinn, der Ihnen sagt, was Sie wann, wie und wo zu tun haben. Sie können sich dann selbst coachen. Wenn Sie fähig sind, auf Autopilot zu schalten, so entlastet Sie dies und befähigt Sie, eine höhere Leistung zu erreichen.

Tim Gallway, der Autor von »The Inner Game of Golf«, sagt, Erfolg ist das Produkt von Talent minus Ablenkungen. Mit »Ablenkung« meint er die Selbstgespräche, die einen durchschnittlichen Golfspieler während des Spiels ablenken:

»Halte den Kopf nach unten! Achte auf den linken Arm!« Diese Konzentration auf Technik wird den Golfspieler beeinträchtigen. In der Wirtschaft ist es genauso. Also müssen Sie Ihre Mitarbeiter ebenso genau wie Don Shula darauf trainieren, was sie wann und wie zu tun haben.

In Vorträgen, in denen ich Hunderte von Mitarbeitern verschiedener Firmen vor mir sitzen habe, frage ich oft, wie viele von ihnen auf ein wirklich taugliches Schulungsprogramm zurückgreifen können. Nicht einmal zehn Prozent der Leute melden sich. Ist es da verwunderlich, daß diese Firmen nicht die gewünschte Leistung erzielen? Disney stellt niemanden an – auch keine Teilzeitkraft –, der sich nicht einem zweitägigen Disneyprogramm unterzieht. Am ersten Vormittag werden Videoclips über Walt Disney und seinen Traum eines Disney-Imperiums gezeigt. Das Programm beinhaltet Unterhaltungsspiele und kleine Wettbewerbe, damit der neue Mitarbeiter ein Gefühl für die Geschichte von Disney bekommt.

Die Werteskala vieler Unternehmen klingt wie Gott, Elternhaus und Vaterland und keiner weiß, welcher der Werte am wichtigsten ist und was diese überhaupt mit seinem Job zu tun haben. Disney überläßt das nicht dem Zufall. Wenn Sie die Besucher von Disney Park fragen, was sie am stärksten beeindruckt habe, werden die meisten die Freundlichkeit der Angestellten und die Sauberkeit zur Antwort geben. Diese Werte, die bei den Kunden Eindruck hinterlassen, wurden während der Orientierungsphase und in den Nachbesprechungen der ersten Arbeitstage betont. Vielleicht ist Ihnen aufgefallen, daß jeder Mitarbeiter von Disney, wenn er ein Stück Papier auf dem Boden sieht, dies automatisch aufhebt. Das geschieht nicht zufällig. Sauberkeit steht bei Disney an erster Stelle, und wenn jeder mit gutem Beispiel vorangeht und hilft, die Wege sauber zu halten, dann dauert es nicht lange, bis dem neuen Mitarbeiter dieser Teil seiner Aufgabe in Fleisch und Blut übergeht. Wenn Sie einen Disneymitarbeiter darauf ansprechen, wird er Ihnen folgendes zur Antwort geben: »Ich habe gar nicht darauf geachtet, was ich tat, ich habe es einfach getan. Es ist ein Teil meiner Aufgabe bei Disney.«

Was ist in der Wirtschaft das Ziel des Autopilotkonzepts? Es soll Menschen die Möglichkeit verschaffen, im Rahmen der Werte, Ziele und Standards des Unternehmens frei zu handeln – und den Rest der Zeit kreativ zu sein. Genau das verlangt Don Shula von seinen Spielern. Er muß ihnen keine Anweisungen geben, wenn sie fähig sind, sich selbst zu steuern und zu kontrollieren. Er verlangt, daß seine Spieler ihre Aufgaben so gut kennen, daß sie nicht über deren technische Ausführung nachdenken müssen, sondern sie einfach ausführen. Dasselbe gilt für die Trainer. Ryan Vermillon, Headcoach der Dolphins, erzählte mir: »Coach Shula setzt seine Mitarbeiter von Anfang an unter Druck. Als ich dazukam, kritisierte er mich wegen jeder Kleinigkeit. Es schien, als würde er jede meiner Bewegungen verfolgen. Es war für mich eine harte Zeit. Er kontrollierte mich ständig. Er wollte sehen, wie ich auf Druck reagierte und ob er meinem Urteilsvermögen vertrauen konnte. Jetzt weiß er, daß ich den Job alleine machen kann. Shula schafft es, daß man seine Sache macht und er sich auf einen verlassen kann.«

> ***Meine Frau und ich waren einmal einen Tag vor dem Spiel der Celtics gegen die Lakers in Los Angeles zu einem Training der Boston Celtics eingeladen. Ich werde Coach K. C. Jones' Kommentar nie vergessen, als ich ihn fragte, wie er Superstars wie Larry Bird, Kevin McHale und Robert Parrish coache: »Ich werfe ihnen ab und zu den Ball zu und brülle ›Schieß!‹«. Das ist der Gipfel an Selbstkontrolle.***
>
> ■ Ken BLANCHARD

Football ist ein Spiel voller Fehler. Im allgemeinen gewinnt das Team, das die wenigsten Fehler macht.

■ Paul BROWN
der legendäre Coach der Cleveland Browns
und ein wichtiger Mentor Don Shulas

■ SHULA

Für mich ist ein Spiel nach dem Schlußpfiff noch nicht zu Ende. Für mich ist ein Spiel erst am Montag vorbei, wenn wir es analysiert und so viel wie möglich daraus gelernt haben. Nachdem wir, ausgehend von dieser Analyse, einen Spielplan erstellt haben, ist es unser Ziel, Woche um Woche im Training unsere Fehler zu reduzieren. Wenn uns dies gelingt, dann steigen unsere Chancen für ein fehlerfreies Spiel. Wir können nicht erwarten, am Sonntag ein gutes Spiel zu liefern, wenn wir während der Woche nachlässig trainiert haben. Das ist einfach nicht möglich. Indem wir zielführende Reaktionen verstärken und Fehlverhalten minimieren, können wir die Gegner übertrumpfen. Ich bin der Ansicht, daß jeder Fehler sofort bemerkt und korrigiert werden sollte. Es gibt keine geringen Fehler. Wenn der Spieler einen Fehler macht, wird einer unserer Assistenztrainer sofort die Pfeife zücken, um ihn zu korrigieren oder zu ermahnen und dann den Spieler die Spielsequenz noch einmal wiederholen zu lassen.

Paul Browns Ansicht, daß das Team, das die wenigsten Fehler macht, gewinnt, traf ganz gewiß auf das Team von 1972 zu. Linebacker Nick Buoniconti war besonders stolz, daß unsere Defensive in dieser Saison in der gesamten Liga die wenigsten Fehlerpunkte machte. Man konnte ihre Fehler faktisch an einer Hand abzählen. Sie trugen voller Stolz den Spitznamen »No Name Defense«, womit ausgedrückt wurde, daß sie an erster Stelle ein Team waren.

■ BLANCHARD

Die meisten von uns empfinden Mißerfolge als etwas Negatives. Einer meiner Freunde gab mir eine neue Definition für Mißerfolg. »Mißerfolg«, sagte er, »ist die erfolgreiche Identifikation von Verhaltensweisen, die man nicht wiederholen möchte.« In der Wirtschaft tendieren wir dazu, uns an einzelnen Ergebnissen zu orientieren. Wir bewegen uns von einer Krise zur nächsten und schauen kaum zurück, um die Vergangenheit zu analysieren. Das führt dazu, daß wir uns Probleme nicht eingestehen. Wenn Fehler passieren, schauen wir eher über sie hinweg, als sie zu fixieren. Wie ein Golfspieler, der seinen Ball schlecht anschlägt und sich wegdreht, wenn der Ball auf den Wald zufliegt. Aber wie können wir unsere Leistung verbessern, wenn wir nicht fähig sind, aus unseren Fehlern zu lernen? Ein mir bekanntes Unternehmen feiert seine Fehler durch das Abschießen einer Kanonenkugel. Das soll nicht heißen, daß sie gerne Fehler begehen, sondern vielmehr möchten sie damit jedem signalisieren, daß sich dieser Fehler nicht wiederholen soll.

Früher lautete eine Regel in der Wirtschaft: Was vorbei ist, ist vorbei. Als neue Regel sollte gelten, daß ein Ereignis so lange nicht abgeschlossen ist, bis man daraus etwas gelernt hat. Die Mitarbeiter eines Unternehmens sollten besonders darauf achten, was nicht funktioniert. Wenn Sie – wie Don Shula – einen Teil Ihrer Zeit darauf verwenden, Trainingsfehler zu eliminieren, spart Ihnen das auch einen Gutteil der Zeit, die Sie sonst damit zubringen müßten, die Vorgänge nachträglich zu durchschauen. Don Shulas Methode, Trainingsfehler abzubauen, spiegelt der folgende fünfstufige Coachingplan, den ich über die Jahre zusammengestellt habe, wider:

1. Machen Sie Ihren Mitarbeitern klar, was Sie von ihnen verlangen.
2. Gehen Sie ihnen mit gutem Beispiel voran.
3. Lassen Sie Ihre Mitarbeiter selbständig handeln.
4. Beobachten Sie ihre Arbeitsweise.
5. Loben Sie Fortschritte und/oder greifen Sie korrigierend ein.

Manager lassen den vierten Schritt oft aus: *Beobachten.* Sie geben Anweisungen und verschwinden wieder. Doch wenn Sie nicht vor Ort bleiben, um das Geschehen zu beobachten, haben Sie keine Information hinsichtlich des letzten und wichtigsten Schrittes: Beobachten Sie mit eigenen Augen, wie Ihre Mitarbeiter gute Leistungen erbringen, bzw. lenken Sie ihre Bemühungen in eine entsprechende Richtung. Vor kurzem aß ich bei McDonald's und wurde Zeuge von beispielhaftem Coaching. Ich bestellte einen Big Mac und eine Cola light. Die junge Frau, die mich bediente, fragte: »Wie wäre es mit einem Stück Apfelkuchen?«

»Ich dachte schon, Sie würden mich nie fragen«, erwiderte ich zustimmend.

Als sie sich umdrehte, um Speisen und Getränk für mich zu holen, beobachtete ich, wie ihr ein junger Mann folgte. Ich hörte, wie er folgendes sagte: »Das haben Sie gut gemacht. Das ist genau das, worüber wir gesprochen haben. Weiter so.« Offensichtlich hatte McDonald's seine Mitarbeiter in »Up-selling« geschult. Es beeindruckte mich, daß der Manager sich direkt vor Ort befand und alles miterlebte. Im Bekräftigen und Korrigieren sind Shula und seine Mitarbeiter Spitzenklasse. Man kann gute Leistungen nicht dem Zufall überlassen. Wenn Sie als Coach kleine Fehler unbeachtet durchgehen lassen, werden Sie weiteren Fehlern Tür und Tor öffnen.

Als ich im Trainingslager der Dolphins war, beobachtete ich, wie Joe Greene mit Tim Bowens arbeitete, der Nummer 1 der Collegeauswahl der Saison 1994. Tim ist ein 140 Kilo schwerer Tackle aus Ole Miss, der nur ein Jahr in der Collegemannschaft gespielt hat. Er hat noch viel zu lernen, aber Shula und seine Mannschaft sind davon überzeugt, daß er das Zeug zu einem großen Spieler hat. Joe wich nicht von seiner Seite. Als sie den Blitz auf den Quarterback übten, beobachtete Joe Tim wie ein Adler. Bowens hat unglaublich viel Kraft, und man braucht fast zwei Linespieler, um ihn abzuwehren. Joe versuchte, Bowens zu erklären, daß er den Ball niedrig einwerfen solle. Bowens warf ihn zu hoch ein, und ein viel kleinerer Linespieler der Offensive reckte sich und warf Bowens dabei um. Joe brüllte vor Lachen. Dann ging er zu Tim rüber und half ihm auf. Er legte seinen mächtigen Arm um ihn und sagte: »Siehst du, was passiert, wenn du zu hoch reingehst?« Das nächste Mal machte Bowens es richtig. »Das ist es«, rief Joe Greene. Diese Art der Kontrolle hat Tim Bowens bei der Associated Press den Titel »Rookie des Jahres« eingebracht.

Dave Berry vom Miami Herald schilderte einmal folgende Szene als absoluten Alptraum:

Man steht an der Expreßkasse, maximal für zehn Artikel zugelassen.

Man hat elf Artikel.

An der Kasse sitzt Don Shula.

■ SHULA

Die Leute sagen, ich sei ein sehr intensiver Mensch. Ich kann nicht anders. Ich bin von dem, was ich tue, überzeugt. Ich habe den Mut, zu meinen Prinzipien zu stehen. Ich verlange Disziplin. Ich muß alles sofort rauslassen. Manchmal bin ich nicht sehr stolz darauf, was da aus mir rauskommt, aber wenigstens bleibt nichts in mir zurück. Ich glaube, ich habe deshalb keine Bedenken, mich gehen zu lassen, weil ich diese Energie nutze. Football ist ein Spiel, das Mut verlangt. Ich möchte, daß meine Spieler am Tag des Spieles emotional locker sind. Ich will nicht, daß man nach dem Spiel sagt, daß unsere Gegner mehr Emotionen einbrachten und begieriger die Konfrontation verlangten als wir.

Am 2. Oktober 1994 spielten wir gegen die Mannschaft meines Sohnes, die Cincinnati Bengals. Das war das erste Footballspiel, in dem Vater und Sohn gegeneinander antraten. Es war ein besonderer Tag, und ich werde mich immer daran erinnern. Ich war auch froh, als es vorbei war und wir das Spiel gewonnen hatten. Meine Frau, Mary Anne, war als einzige in unserer Familie auf seiten der Dolphins. Meine Kinder waren der Meinung, David habe den Sieg eher verdient als ich. Mit meinem Herzen hätte ich vielleicht zugestimmt, aber ich hatte den Dolphins gegenüber eine Verantwortung. Ich konnte in diesem Spiel keine verwandtschaftlichen Gefühle zulassen. Ich gönne David den Sieg und wünsche ihm, daß er mit seinem Team oft gewinnt. Aber an diesem Sonntag wollte ich gewinnen.

Wenn ich vor den Spielen nicht mehr nervös oder ängstlich werde, hänge ich meinen Beruf an den Nagel, denn wenn man in diesem Geschäft abstumpft, wird es draußen jemanden geben, der bereit ist, härter und länger zu arbeiten. Und er wird gewinnen, weil er um eine Spur nervöser ist.

■ BLANCHARD

Bei meiner Arbeit mit Topmanagern achte ich als erstes darauf, wie es mit dem Engagement der Person bestellt ist. Wenn die Person leidenschaftlich bei der Sache ist, weiß ich, daß dem Manager das Unternehmen am Herzen liegt. Wenn er allerdings den Eindruck macht, als sei er zerstreut und wisse nicht recht um die Vorgänge rund um ihn Bescheid, dann ist das für mich ein Zeichen, daß die Leute in diesem Unternehmen wahrscheinlich nicht an Perfektion interessiert sind. Unser Unternehmen hat über die Jahre oft mit Unternehmen unter der Leitung von Marvin Runyon, derzeit Postminister der Vereinigten Staaten, zusammengearbeitet. Wo Runyon auch eingesetzt wurde, engagierte er sich dafür, die Effizienz des Unternehmens zu steigern. Das tat er bei Nissan und der Tennessee Valley Authority, bevor er das Postministerium übernahm. Nachdem ich vor einigen Jahren die Arbeit an meinem Buch über Kundenservice, »Raving Fans«, das ich gemeinsam mit Sheldon Bowels schrieb, beendet hatte, wollte ich ein Exemplar an Runyon schicken. Also wies ich meine Sekretärin, Eleanor Terndrup an, ihm auf dem schnellsten möglichen Weg eine Kopie zukommen zu lassen. Eleanor dachte überhaupt nicht an die Möglichkeit, es mit der Post zu schicken, und schickte das Buch an den Postminister mit Federal Express. Mir wurde berichtet, daß Runyon sich geweigert hatte, das Paket zu öffnen, und es vielmehr quer durch sein Büro zur Tür hinaus schleuderte!

Nachdem ich das erfahren hatte, rief ich Marvin an, um mich zu entschuldigen. Er war auf dem Weg zum Flughafen, aber seine Sekretärin gab mir die Nummer seines Autotelefons. Als ich ihn am Telefon hatte, sagte ich: »Marvin, ich schulde dir eine 1-Minuten-Entschuldigung. Ich habe dir mein letztes Buch mit Federal Express geschickt.« Als er das hörte, brach er in Gelächter aus. »Ich wußte nicht, daß es ein Buch über Kundenservice war. Junge, jetzt habe ich aber etwas gegen dich in der Hand.« Diese Geschichte erzählte Runyon im ganzen Land viele Male auf Vorträgen über Kundendienst.

Um Intensität drehen sich viele Shula-Geschichten. Mir gefällt diejenige im Umkleideraum der Miami Dolphins nach einem Spiel gegen die New York Jets besonders gut. Die Dolphins hatten gewonnen, aber Shula war mit ihrem Spiel nicht zufrieden. Er wollte mit dem Team ein paar Wörtchen reden. (Mel Philips, der Coach der Runningbacks, erzählte mir, Don nehme das Team nach einem Sieg oft strenger her als nach einer Niederlage. Er weiß, daß sich das Team stark fühlt, wenn sie gewonnen haben; wenn sie ein Spiel verloren haben, fühlen sie sich schon mies genug.) Als er den Umkleideraum betrat, um mit den Spielern zu sprechen, sah er jemanden, den er nicht erkannte. »Wer zum Teufel ist das?« rief er. Jemand antwortete: »Ein Schriftsteller.« »Schafft ihn hier raus!« kommandierte Shula. Damit mußte James Michener den Umkleideraum der Dolphins verlassen.

Intensität ist heutzutage in der Wirtschaft bedeutender denn je. Wichtig dabei ist nicht die Intensität allein, sondern daß sich diese Intensität auf die Dinge konzentriert, auf die es ankommt. Tags darauf, als ich im Hotellift fuhr, stieg ein Manager zu. Er war sichtlich in Eile und hatte einen großen Stapel von Dokumenten in Händen, die er wohl an jemanden weitergeben sollte. »Wichtige Dokumente?« fragte ich. »Nein«, antwortete er. »Dringend, aber nicht wichtig.« Wenn ein Unterschied gemacht wird zwischen »dringend« und »wichtig«, dann bedarf es eines nachhaltigen Coachings. Charlie Morgan sagte: »Shula arbeitet nicht nur hart, sondern auch mit Verstand. Er ist ein Meister im Delegieren. Während des Spiels kann man alle seine Coaches mit Kopfhörern herumrennen sehen, während er mit verschränkten Armen dasteht und sich konzentriert.«

Shula kann zwar wütend werden, aber er ist nicht nachtragend. Schiedsrichter Art Holst sagte: »Wenn das Spiel einmal vorbei ist, ist es für Shula auch wirklich vorbei. Ich habe noch nie einen Beitrag in der Zeitung gelesen, in dem Shula behauptet, daß der Schiedsrichter schuld am Ausgang des Spieles sei.« Shula mag keine faulen Ausreden. Wenn eine Entscheidung der Schiedsrichter zum Nachteil seines Teams ausfällt und sich dadurch womöglich das Spiel entscheidet, geht er davon aus, daß das Team nicht gut genug gespielt hat, um sich einen größeren Vorsprung zu sichern.

ERFOLGSGEHEIMNIS NR. 3

FLEXIBILITÄT

Flexibilität ist Shulas Ausdruck für Anpassungsfähigkeit. Don Shula glaubt nicht an die Befolgung von Spielplänen, die nicht funktionieren. Zur Anpassungsfähigkeit gehört in erster Linie gute Vorbereitung. »Änderungen« sind gut durchdacht und rechtzeitig durchgeführt. Shula stellt sich immer die Frage, »Was wäre wenn ...?« Wenn er dann mit einer neuen Situation konfrontiert wird, sind weder er noch seine Spieler vor den Kopf gestoßen. Ein fester Spielplan kann heutzutage für ein Unternehmen tödlich sein.

■ Ken BLANCHARD

Ich lasse mich durch Dinge, die außerhalb meiner Verfügungsgewalt liegen, nicht vereinnahmen. Wenn ich mir Sorgen mache, wird sich das auf alle übertragen. Ich denke immer an den nächsten Schritt. Bob Griese hat sich den Knöchel gebrochen? Okay, dann soll Earl Morrall sich aufwärmen und ihn ersetzen.

■ Don SHULA

■ SHULA

Vorbereitung ist für mich das Wichtigste. Ich möchte, daß meine Spieler auf alles vorbereitet sind. Zum Teil bedeutet gut vorbereitet zu sein, daß man den Spielplan jederzeit ändern kann. Ich vergleiche meine Rolle mit der eines Kommandeurs auf einem Schlachtfeld, der den Mut hat, die richtigen Entscheidungen zu treffen, um zu siegen. Ich möchte anhand eines Planes vorbereitet sein, um dann auf unerwartete Situationen reagieren und den Plan problemlos ändern zu können. Ich muß den Plan ändern können – auch im letzten Moment –, wenn es die Situation verlangt. Manchmal sind die Coaches sich schon vor Beginn des Spiels sicher, daß sie gewinnen. Sie benehmen sich, als hätten sie den Sieg schon in der Tasche. Bei mir ist das nie so. Sobald das Spiel begonnen hat und solange es dauert, möchte ich, daß unsere Spieler und Coaches immer auf Veränderungen gefaßt sind, um das Spiel für uns zu entscheiden.

Ich möchte im richtigen Zeitpunkt die entscheidenden Aktionen setzen und nicht hinterher analysieren, wie ich hätte reagieren sollen. Deshalb muß der Quarterback oder der Kapitän der Defensive, wenn er bemerkt, daß die gegnerische Mannschaft etwas Unerwartetes tut, jederzeit während des Spiels Änderungen einholen können. Eine Änderung ist ein verbales Kommando, das unseren Spielern befiehlt, andere Aktionen als die ursprünglich geübten durchzuführen. Diese Anweisungen sind keine Hirngespinste, die sich der Quarterback in letzter Minute ausdenkt. Es sind Strategien, die die Spieler kennen und auch geübt haben. Ich möchte, daß das Team flexibel ist – daß es nicht nur imstande ist, einen Spielzug oder eine Formation zu ändern, sondern – wenn nötig – den gesamten Spielplan.

> *Manchmal passiert etwas, was du nicht in der Hand hast, wie beispielsweise die Verletzung eines wichtigen Spielers. Das kann unter Umständen die Änderung des gesamten Spielplans bedeuten. Im Jahre 1965, als ich die Baltimore Colts coachte, fielen unser Quarterback und unser Ersatzquarterback wegen Verletzungen aus. Beide waren gute Werfer, aber ich hatte keinen anderen Quarterback im Team, also setzte ich bei den Ausscheidungsspielen Tom Matte, einen Halfback, als Quarterback ein. Tom hatte ein wenig Erfahrung als Quarterback gesammelt, während er bei Ohio State gespielt hatte. Nach Coach Woody Hayes' Angriffsphilosophie (»Drei Yards – und eine Staubwolke!«) glich die Aufgabe des Quarterback der eines Blockingback. Ich änderte also den Spielplan, um uns Mattes Schnelligkeit zunutze zu machen, und das erwies sich als richtig. Tom kannte die Spielzüge von dieser Position aus nicht, also schrieben wir sie ihm auf seine Handgelenkschützer. Wir gewannen ein wichtiges Spiel gegen die L. A. Rams und kamen so in die Ausscheidungsspiele der Western Division Crown. Einer von Mattes berühmten Handgelenkschützern wird heute in der Football Hall of Fame in Canton, Ohio, aufbewahrt. Den anderen habe ich in meinem Büro.*
>
> ■ Don SHULA

Manchmal sind Mut und Einfallsreichtum nötig, um den Plan zu ändern. Dan Marinos vorgetäuschtes Grounding in den letzten 38 Sekunden in unserem zweiten Spiel gegen die Jets im Jahre 1994 ist dafür ein gutes Beispiel. Es sah aus, als wäre der Spielzug improvisiert, aber er hatte diese Strategie während des Trainings geübt. Bernie Kosar, ein Quarterback, den wir von Dallas als Ersatzmann für Marino eingekauft hatten, hatte diesen Spielzug im Spiel gegen Cleveland und Dallas ausprobiert. Um das Spiel zu gewinnen, muß sich die

Als die Dolphins ihre legendäre Saison lieferten, hatten sie einen guten Punter mit Namen Larry Seiple. Shula sagte ihm, daß er jederzeit einen Befreiungsschlag einleiten könne – solange er den ersten Angriffsversuch mache. Im AFC-Championship-Spiel gegen Pittsbourgh täuschte Larry beim vierten Angriffsversuch einen Befreiungsschlag vor und rannte 37 Yards, um für die Dolphins den ersten Punkt zu machen. Als Shula Seiple rennen sah, rief er: »Nein! Nein! Nein!« Doch als er erkannte, daß Seiple frei lief, wechselte er zu: »Weiter! Weiter! Weiter!«

■ Charlie MORGAN

Shula hört sich Ratschläge an, trifft dann eine Entscheidung und setzt diese in die Tat um, ohne sie später in Frage zu stellen. Coaches, die dieser Beruf zermürbt, sind immer auch diejenigen, die ihre Entscheidungen in Frage stellen. Die Spieler respektieren einen Coach, der zu seinen Entscheidungen steht. Ein solcher genießt ihr Vertrauen.

■ Joe GREENE

passende Gelegenheit bieten – zum Beispiel, wenn das gegnerische Team damit rechnet, daß der Quarterback versucht, das Spiel zu verzögern oder den Ball zu Boden zu werfen. Wenn unser Quarterback den Ball absichtlich zu Boden werfen will, ruft er dem Team »Clock! Clock! Clock!« zu. Ein Zeichen für alle, sich aufzustellen und ihm Deckung zu geben. Diese Strategie verzögert das Spiel und gibt uns die Möglichkeit, uns vor dem nächsten Spielzug abzusprechen.

In einem Spiel gegen die Jets bot sich durch diesen Spielzug die ideale Gelegenheit, das Spiel für uns zu entscheiden.

Es ist sinnlos, um jeden Preis an einem Spielplan festzuhalten, der sich nicht bewährt. Allerdings muß meine Einschätzung der Lage nicht immer die richtige sein. Ich bin stets bemüht, Daten zu sammeln, um eine optimale Entscheidung zu treffen. Ich übertrage meinen Assistenztrainern die Verantwortung für ihren Aufgabenbereich und die Kommunikation mit ihren Spielern.

Es ist ihre Aufgabe, jede wichtige Kleinigkeit, die sich im Laufe der Trainingswoche herauskristallisiert, an mich weiterzuleiten. Ich höre mir alles an, und wenn ich ausreichend informiert bin, treffe ich eine Entscheidung.

■ BLANCHARD

Änderungen sind keine Überraschungen – es sind nur neue Möglichkeiten, eine bereits geläufige Handlung durchzuführen. Geschäftsleute müssen sich einer ständig in Veränderung begriffenen Umgebung anpassen. Peter Vaille vergleicht in seinem Buch »Managing as a Performing Art« die Turbulenzen der Geschäftswelt mit einem reißenden Fluß, in dem wir überleben müssen. Wie bereiten Sie Ihre Mitarbeiter auf dieses Abenteuer vor? Shula liefert uns die

Mercury Morris berichtete von einem Vorfall, der Don Shulas Flexibilität beweist, wenn auch in einer Weise, die wenige von ihm erwarten würden: »Im Jahre 1970, zwei Jahre nach dem Attentat auf Martin Luther King, sorgte Shula dafür, daß für schwarze Spieler Kämme und spezielle Haarpflegeprodukte zur Verfügung gestellt wurden. Früher gab es nur Produkte für Weiße, wenn Sie wissen, was ich meine. Er versuchte, mit dieser durchaus ernst gemeinten Geste, eine Beziehung zu den Spielern herzustellen. Shula hat die Fähigkeit, sich auf die Gegebenheiten und gesellschaftlichen Veränderungen einzustellen. Früher war er der Ansicht, daß man – wenn man genügend Haare auf dem Kopf hatte – keinen Bart tragen sollte. Haare im Radius von 360 Grad, das war schlicht unmöglich. Heute hat er Louis Oliver in seiner Mannschaft, dessen Ohrringe nicht viel kleiner als Wagenräder sind.«

■ Zitat aus der Shula-Sonderausgabe des Miami Herald vom 15. November 1993

Antwort: Sie müssen flexibel sein. Beginnen Sie damit, auf einer Karte des Flußlaufs die Stellen mit den zu erwartenden Hindernissen zu markieren. Bereiten Sie sich ausreichend vor und nehmen Sie nicht zu viel Gepäck mit. Seien Sie auf alle Eventualitäten vorbereitet. Shula weiß, was er tut, aber er bezieht alle möglichen Komplikationen in seine Überlegungen mit ein: Was, wenn Unitas verletzt wird? Und Cuozzo? Oder Griese? Oder Marino? Und, Gott behüte, Scott Mitchell? Dieses Was-wäre-wenn-Denken gereicht Shula zum Vorteil. Er reagiert in der jeweiligen Situation richtig, denn es ist nicht das erste Mal, daß er sich mit dem Problem auseinandergesetzt hat. Wenn eine Situation, die er bereits in Gedanken durchgespielt hat, tatsächlich eintritt, muß er seine Entscheidung nicht lange überlegen. Wenn Sie einer Situation völlig unvorbereitet gegenüberstehen, haben Sie nicht genügend Zeit, die Situation richtig einzuschätzen, und treffen höchstwahrscheinlich die falsche Entscheidung. Shula kann das nicht passieren.

Viele Unternehmen besitzen heute ein Organisationsdiagramm, und jeder Mitarbeiter wird in eine bequeme Schublade gesteckt. Das mag an der Wand ganz nett aussehen, aber es verpflichtet Mitarbeiter dazu, einen festgelegten Spielplan und oft auch festgelegte Regeln einzuhalten. Das Unternehmen hat keine Möglichkeit, schnell und flexibel auf neue Entwicklungen zu reagieren. Nur Unternehmen, die sich ständig den Gegebenheiten anpassen, können heutzutage im Wettbewerb bestehen. Dazu ein Beispiel von Tom Cullen, einem Kollegen an der Cornell-Universität. Er besuchte mit einem Ehepaar und dessen Kindern – ein Sohn war dreizehn, die beiden anderen Kinder waren jünger – in New York ein Gourmet-Restaurant. Der Kellner reichte den Kindern die Kinderkarte, doch als er bemerkte, wie der Dreizehnjährige sein Gesicht verzog, tauschte der aufmerksame Kellner seine Speisekarte gegen eine Erwachsenenkarte ein.

Die zwei jüngeren Kinder bestellten ein Kindermenü: Makkaroni mit Käse. Als das Essen kam, spielten sie damit herum und rührten es kaum an. Tom, der das Essen probierte, war der Meinung, daß das die besten Makkaroni mit Käse waren, die er je gegessen hatte. Als der Kellner die Kinder fragte, ob mit dem Essen etwas nicht stimmte, antworteten sie: »Es schmeckt uns nicht! Die Makkaroni sind nicht von ›Kraft‹.«

Als am nächsten Abend die Familie wieder im Restaurant erschien und der Kellner vom Vorabend sie erblickte, ging er gleich auf die Kinder zu: »Ich habe gehofft, daß ihr wiederkommen würdet. Ich habe heute Makkaroni von ›Kraft‹.« Damit ging er in die Küche und kam mit einem Karton Makkaroni des besagten Herstellers zurück. Können Sie sich vorstellen, welche besondere Beziehung der Kellner zu seinem Vorgesetzten haben muß, um derart flexibel reagieren zu können? Kein Wunder, daß das Restaurant gut läuft!

Die Notwendigkeit, flexibel zu sein, ist die Ursache für den gegenwärtigen Trend des Downsizing. Gäbe es diese Strategie des Downsizing nicht, würden Unternehmen wie Wal-Mart mit nur vier Managementebenen ihre Konkurrenten mit bürokratischen zwölf Ebenen weiter ruinieren. Immer mehr Unternehmen streben nach einer Position, die mit jener der Dolphins unter Shulas Führung zu vergleichen ist: die Fähigkeit, Spielzüge und Formationen jederzeit zu ändern, um sich in einem unbeständigen Umfeld zu behaupten. Shula versteht unter Flexibilität die Fähigkeit von Dienstleistungsunternehmen, Energien abrupt umzuleiten, um ein Kundenproblem zu lösen oder eine Nachfrage zu erfüllen.

Von allen Behörden, mit denen ich im Laufe der Jahre zu tun hatte, fand ich das Department of Motor Vehicles (DMV) am schlimmsten. Man konnte meinen, daß das DMV nur unfreundliche Menschenhasser einstellte. Die Angestellten schienen Spaß daran zu haben, die Kunden darauf hinzuweisen, daß sie in der falschen Schlange standen oder das Formular falsch ausgefüllt hatten. Ich versuchte, dem DMV so weit wie möglich aus dem Weg zu gehen, doch vor einigen Jahren verlor ich drei Wochen vor einer Europareise meinen Führerschein. Ich brauchte schnell einen neuen Führerschein als Backup für meinen Paß und beauftragte Dana Kyle (meine Assistentin, die mein Leben organisiert), für meinen Gang zum DMV drei Stunden einzuplanen. Ich ging davon aus, daß sie ungefähr so lange brauchen würden, um mich so richtig fertigzumachen.

Ich machte mich auf den Weg und bereitete mich seelisch auf die gewohnte Behandlung vor, doch zu meiner Überraschung hatte eine Wandlung stattgefunden. Eine Mitarbeiterin begrüßte mich: »Guten Tag! Herzlich willkommen im Department of Motor Vehicles. Sprechen Sie Englisch oder Spanisch?« Völlig überrascht murmelte ich: »Englisch.« Sie begleitete mich zu einem Schalter, wo mich ein junger Mann mit einem Lächeln fragte, wie er mir helfen könne. Es dauerte ganze neun Minuten, bis alle Formalitäten erledigt waren – inklusive des neuen Fotos – und ich meinen Führerschein in Händen hielt.

»Was ist denn hier los?« fragte ich die Frau, die die Fotos machte. »Das ist nicht das DMV, das ich kennen und lieben gelernt habe!«

»Kennen Sie schon unseren neuen Chef?« fragte sie und deutete auf einen Tisch, der mitten in der Kundendienstzone war. Ich ging darauf zu und begrüßte einen sympathischen Mann mittleren Alters. Während unseres Gesprächs bekam ich den Eindruck, daß ihm seine Arbeit Spaß machte, daß er auf seine Organisation stolz war und daß er sich einer Vision verpflichtet fühlte – nämlich eine Dienstleistungsorganisation aufzubauen. Sein Engagement, alles zu unternehmen, um seine Sache gut zu machen – nämlich den Bürgern zu dienen –, war offensichtlich. So gab es zum Beispiel auf seine Initiative hin zwischen 11.30 und 14 Uhr keine Mittagspause, denn während dieser Zeit wollten die meisten Leute im DMV-Büro ihre Angelegenheiten regeln. Jeder einzelne Mitarbeiter konnte Fotos machen und war mit der Arbeit an den Schaltern vertraut. Wenn der Kundenstrom plötzlich anstieg, konnte das Büro schnell umorganisiert und die Arbeit so besser bewältigt werden. Er hatte verstanden, was es heißt, flexibel zu sein. Und Sie?

ERFOLGSGEHEIMNIS NR. 4

BESTÄNDIGKEIT

Shulas Reaktionen auf das Verhalten seiner Spieler ist abschätzbar. Es geht immer darum, sie zu Bestleistungen zu motivieren. Seine Beständigkeit ist legendär. Bei guten Leistungen ist er immer zu einem Lob bereit, doch wenn das Team seine hohen Erwartungen nicht erfüllt, bekommt es ebensoschnell Tadel oder Kritik zu hören. Seine Reaktion hängt immer von der Leistung der Spieler ab und nicht von seiner persönlichen Laune.

■ Ken BLANCHARD

■ SHULA

Beständigkeit ist ein wesentlicher Faktor für Ihre Reaktionen auf die Leistung anderer. Unsere Spieler können sich darauf verlassen, daß unser Coaching-Team ihre Leistungen immer beobachtet und Rückmeldungen gibt – darauf bin ich stolz. Wenn das Team in einem Spiel der Vorsaison schlechte Leistungen bringt und die Coaches darauf nicht reagieren, würden die Spieler denken, daß mit ihnen etwas nicht stimmt. Das gleiche gilt auch, wenn eine gute Leistung unbemerkt bliebe. Gute Leistungen sollten immer anders beantwortet werden als schlechte Leistungen.

Ihr Team wird Ihre Ansprüche schnell begreifen und sich danach richten. Ich bestehe nicht nur auf fehlerfreie Trainingsleistung, ich bin auch bei jedem Training anwesend. Man muß an Ort und Stelle sein, um mitzubekommen, wenn etwas nicht klappt. Auch die kleinste Leistungsabweichung muß besprochen und korrigiert werden. Dies ist strategisch wichtig, denn in diesem Punkt übertrifft man den Gegner. Einige Coaches lassen kleine Vergehen durchgehen, und genau das macht den kleinen Unterschied aus. Es ist uninteressant, wie oft wir einen Spielzug geübt haben, wie spät es ist oder wie müde die Spieler sind. Wir trainieren so lange, bis alles sitzt. Ich nehme lieber einen Spielzug aus dem Spielplan heraus, wenn ich nicht sicher bin, daß das Team ihn beherrscht. Ich probiere selten am Spieltag etwas aus, das wir nicht vorher bis zur Perfektion geübt haben. Wenn ich von meinen Spielern eine Leistung verlange, die sie nicht erbringen können, möchte ich das auf der Stelle erfahren.

Ganz egal aus welchem Grund, Sie können eine schlechte Leistung nicht ohne Einwände akzeptieren – auch nicht von einem Superstar. Das gleiche gilt für eine gute Leistung. Lassen Sie sich in Ihrer Leistungsbeurteilung niemals von einer Laune leiten. Nur die Leistung als solche zählt, und darauf müssen Sie verläßlich reagieren.

■ BLANCHARD

Die meisten Menschen haben eine falsche Vorstellung von Beständigkeit. Viele denken, beständig ist einer, der immer auf die gleiche Weise reagiert. Ich bin jedoch der Ansicht, daß einer unbeständig reagiert, wenn er die guten wie die schlechten Leistungen gleichermaßen lobt. Beständigkeit bedeutet vielmehr, unter ähnlichen Umständen gleich zu reagieren.

Don Shula ist alles eher als unbeständig. Sein Spielplan, die Organisation des Trainings der Vorsaison und die Vorbereitungen für jedes Spiel beweisen das. Wir sprechen hier über eine bestimmte Form von Beständigkeit, nämlich die Beständigkeit, mit der einer auf Leistungen anderer reagiert. Wenn Sie auf die Leistung der Spieler unter ähnlichen Umständen immer gleich reagieren, werden die Spieler das zu schätzen wissen.

In meinem Buch »Die Praxis des Ein-Minuten-Managers«, das ich zusammen mit Robert Lorber geschrieben habe, haben wir alle vier Reaktionsmöglichkeiten aufgezeigt:

1. Die positive Reaktion: Auf die Leistung folgt – aus Sicht des Betroffenen – etwas Positives … Anerkennung, eine Gehaltserhöhung, eine Beförderung oder eine Erweiterung des Kompetenzbereiches. Wenn eine Leistung belohnt wird, wird sich das positiv auf das zukünftige Verhalten der betreffenden Person auswirken. Die Menschen tendieren dazu, sich nach dem Angenehmen zu orientieren.

2. Die Berichtigung: Die Handlung wird unterbrochen, die Bemühungen des Mitarbeiters werden neu ausgerichtet, damit die bisher falsch ausgeführte Handlung nun richtig ausgeführt wird. Wenn Sie jemandem den richtigen Weg zeigen, dann ist es wahrscheinlich, daß er oder sie ihn auch weiterhin geht. Durch eine Berichtigung der Leistung kann man eine Person dazu bringen, ihr Verhalten zu überdenken.
3. Die negative Reaktion: Es erfolgt auf die erbrachte Leistung ein Tadel, eine Bestrafung, Degradierung oder Versetzung in einen anderen Arbeitsbereich. Der Mensch neigt dazu, Unannehmlichkeiten aus dem Weg zu gehen. Wenn eine Handlung negative Reaktionen nach sich zieht, wird er diese Handlung in Hinkunft zu vermeiden suchen.
4. Die Null-Reaktion: Es erfolgt überhaupt keine Reaktion, weder positiv noch negativ. Gute Leistungen, auf die keine Anerkennung erfolgt, können versiegen, und schlechte Leistungen wenden sich nicht zum Besseren. Die einzige Ausnahme sind selbständige Mitarbeiter, die ihre Aufgabe lieben und sie auch weiterhin gut erfüllen werden, ganz gleich ob sie Anerkennung erhalten oder nicht.

Die meisten Menschen würden die Bedeutung von Zielfestlegung und Realisierung in einem Verhältnis von 75 Prozent zu 25 Prozent sehen. In Wahrheit ist das Verhältnis genau umgekehrt: Der Anteil der Zielfestlegung an der Gesamtleistung beträgt 25 Prozent im Verhältnis zu den 75 Prozent, die auf der Realisierung beruhen. Den größten Einfluß auf die Leistung haben die Konsequenzen, die aus ihr resultieren – dies bedeutet also, die Reaktion des Coaches, der vor Ort ist.

Eines möchte ich mir mit Sicherheit nicht vorwerfen lassen: daß ich auf etwas nicht geachtet hätte.

■ Don SHULA

■ SHULA

Als ich wegen der Operation an meiner Achillessehne nicht zum Training erscheinen konnte, machte die Presse darum einen großen Wirbel. Es war in den 25 Jahren bei den Dolphins das erste Mal, daß ich ein Training verpaßte. Ich weiß nicht, warum die Leute so einen Zirkus darum machen, daß ich nie ein Training verpasse. Für mich ist es undenkbar, beim Training nicht anwesend zu sein. Coaching bedeutet, vor Ort zu sein und sich voll auf das Geschehen zu konzentrieren. Ich tue das nicht wegen der Spieler, sondern wegen mir. Um über einen Spielzug oder eine Änderung des Spielplans zu entscheiden, brauche ich den direkten Kontakt mit meinen Spielern. Ich möchte mit eigenen Augen sehen, was da vor sich geht. Ich trage während der Spiele keine Kopfhörer. Wenn ich von oben Informationen brauche, kann ich diese immer von meinen Assistenztrainern bekommen. Während des Spiels möchte ich auf jede Situation vorbereitet sein. Einmischungen oder Meinungen aus zweiter Hand kann ich nicht gebrauchen.

Ich kann mir nicht vorstellen, wie man ein guter Coach oder Manager sein kann, ohne sich direkt vor Ort zu befinden. Manche Manager, Meister im Delegieren, erscheinen nur selten im Büro. Ich persönlich bin der Ansicht, daß dies miserable Manager sind. Ich habe nichts gegen Delegieren, aber alles im Rahmen. Wenn die Dolphins ein Spiel verlieren, dann wird niemand den Special-Teams-Coach, den Line-Coach, den Backfield-Coach oder den Coach, der die gegnerische Mannschaft letzte Woche beobachtet hat, dafür verantwortlich machen. Man wird mir die Schuld geben. Obwohl ich meinen Assistenztrainern relativ viel Freiheiten einräume, bin ich jeden Tag anwesend und beobachte den Trainingsablauf. Und wenn ich etwas sehe, das mir nicht gefällt, spreche ich mit dem Assistenten darüber. Management aus der Pressebox ist ein Ding der Unmöglichkeit. Sie müssen unten auf dem Feld bei Ihrer Mannschaft sein. Coaching ist eine sehr persönliche Sache. Man kann Menschen nicht aus der Distanz coachen. Ihre Spieler müssen spüren, daß Sie am Geschehen mindestens genauso interessiert sind wie sie.

■ BLANCHARD

In einem typischen Unternehmen ist die häufigste Reaktion auf die Leistung der Mitarbeiter die Null-Reaktion. Diese Art von Managern, die nur reagieren, wenn ihre Mitarbeiter einen Fehler gemacht haben, handeln nach dem Motto »Alleine lassen und dann bestrafen!«. Sie lassen ihre Mitarbeiter so lange unbeaufsichtigt, bis sie einen Fehler machen, tauchen dann aus dem Nichts auf und machen sie erstmal ordentlich nieder. Diese Strategie nenne ich Seemöven-Management. Seemöven fliegen vorbei, machen einen Höllenlärm, kreischen jeden an und verschwinden wieder. Diese Methode ist für einen Coach unstatthaft und destruktiv. Ein Beispiel wird dies verdeutlichen.

Studien beweisen, daß nach Mitternacht unter Teenagern Alkoholmißbrauch, Drogenkonsum, Promiskuität und schwere Autounfälle viel häufiger vorkommen, als vor Mitternacht. Nehmen wir einmal an, die Eltern eines sechzehnjährigen Jungen erfahren das und beschließen, ihren Sohn in unmißverständlicher Weise früher nach Hause zu befehlen. Sie erklären ihm in aller Deutlichkeit, daß er in Zukunft bis 24 Uhr zu Hause sein soll. Wenn er sich das nächste Mal mit seinen Freunden trifft, wird er um 23.30 Uhr ankündigen, daß er gehen muß, weil seine Eltern wollen, daß er um 24 Uhr zu Hause ist. Seine Freunde machen sich über ihn lustig: »Was soll das, du Muttersöhnchen? Lesen dir deine El-

Der Coach darf sich nur zwischen den 35-Yard-Linien der Sidelines aufhalten, aber Shula vergißt das manchmal. Ich habe ihn schon an der 5-Yard-Linie erwischt. Er möchte genau an der Anspiellinie stehen, damit ihm nichts entgeht. Er ist unglaublich. Er hat die Fähigkeit, die Defensive und die Offensive gleichzeitig zu beobachten. Er kann die Defensive einschätzen und weiß, in welche Richtung der Quarterback der gegnerischen Mannschaft den Ball werfen muß. Wenn er ihn in die falsche Richtung wirft, entgeht ihm das nicht. Er weiß über das Spiel unglaublich gut Bescheid. Er hat das gesamte Spielfeld unter Kontrolle – die 22 Spieler und sieben Schiedsrichter. Er weiß genau, was sie wann zu tun haben. Es ist erstaunlich.

■ Jim TUNNEY
seit über dreißig Jahren
Schiedsrichter der NFL

tern vielleicht noch eine Gute-Nacht-Geschichte vor?« Seine Clique, die für ihn sehr wichtig ist, reagiert negativ. Doch er ist ein braver Sohn, nimmt die negative Reaktion in Kauf und entgegnet: »Nein, ich muß jetzt gehen.« Aber wo sind seine Eltern, wenn er zu Hause ankommt? Sie sind gar nicht zu Hause, oder sie schlafen schon. Er kann froh sein, wenn ihn wenigstens der Hund begrüßt. Eine typische Null-Reaktion.

Nun sehen wir uns an, wie das »Alleine-Lassen« in das Bestrafen mündet. Betrachten wir zuerst das bisherige Reaktionsschema: Bis jetzt haben die Freunde des Jungen negativ und seine Eltern überhaupt nicht reagiert. Welche Reaktion wird wohl den größeren Eindruck hinterlassen? Zweifellos die negative. Die meisten Menschen werden sich von einer negativen Reaktion mehr beeinflussen lassen als von einer Null-Reaktion. Das ist einer der Gründe, warum es so wichtig ist, gutes Benehmen zu loben. In manchen Unternehmen verteilen wir an die Manager Anstecker mit der Aufschrift »Ich wurde bei einer guten Leistung beobachtet« und fordern sie auf, diese Anstecker an Mitarbeiter zu vergeben, die ihnen durch gute Leistungen aufgefallen sind. Empfängern wird diese Form der Anerkennung schmeicheln.

Wenn es sich hier um eine typische Null-Reaktion handelt, was geschieht dann, wenn der Junge das nächste Mal ausgeht? Sobald er beim nächsten Mal um 23.30 Uhr ankündigt, daß er jetzt bald gehen müsse, werden seine Freunde sich wieder über ihn lustig machen. Dieses Mal wird er denken: »Bin ich blöd? Gestern war ich pünktlich zu Hause, und es ist niemandem aufgefallen. Warum sollte ich mich vor meinen Freunden lächerlich machen?« An diesem Abend erscheint er erst um 1 Uhr. Wo sind seine Eltern diesmal? Sie erwarten ihn bereits an der Tür. »Wir haben dir doch gesagt, du sollst um 24 Uhr zu Hause sein! Wir reden

Viele Leute denken, Shula interessiert sich nur für das Spiel als solches. Das stimmt nicht. Er will alles wissen, was ihn nur entfernt angeht – und manchmal mehr als das. Mit Shula auszukommen, ist einfach, denn er schätzt die Arbeit des anderen als wichtig.

■ Stu WEINSTEIN
Security and Community Relations,
Miami Dolphins

wohl für die vier Wände!« Seemöven-Management in Aktion. Der Junge kann es nie richtig machen. Wenn er die Anweisungen seiner Eltern befolgt, hänseln ihn seine Freunde; und wenn er das tut, was seine Freunde wollen, bekommt er mit seinen Eltern Ärger.

In diese Art von Zwickmühle geraten Mitarbeiter in Unternehmen nur zu oft. Ihre Vorgesetzten achten nicht darauf, was sie tun, bis sie Mist bauen. Wenn sie tun, was ihr Boß verlangt, kommt das bei den Kollegen schlecht an, und wenn sie das tun, was ihre Kollegen wollen, ist es umgekehrt. Dem Manager bleibt, um diesen Teufelskreis zu durchbrechen, nur die Möglichkeit, das Positive zu betonen und die Leute bei guten Leistungen zu beobachten.

Und natürlich ist es am besten, gute Leistungen hervorzuheben, denn Anerkennung wirkt normalerweise nachhaltiger als Tadel. Wiederum geht es nicht um einen Wettbewerb. Es ist wichtig, daß sie an Ort und Stelle sind, um gutes Benehmen zu loben und so der negativen Reaktion der Kollegen etwas entgegenzusetzen. Wenn Sie erreichen wollen, daß Ihre Kinder zu einer bestimmten Uhrzeit zu Hause erscheinen, sollten Sie alles daransetzen, bei ihrer Rückkehr da zu sein, um ihr gutes Benehmen zu loben. Wenn Sie schon zu Bett gegangen sind, sollten Sie sich den Wecker stellen, und wenn Sie mit Freunden unterwegs sind, sollten Sie sich um 23.30 Uhr auf den Nachhauseweg machen, um Ihren Sohn empfangen zu können. Wenn Ihr Kind nach Hause kommt, sollten Sie es loben, küssen und umarmen. Das mag Ihnen zwar übertrieben vorkommen, aber es funktioniert. Meine Schwester und ich kamen nie spät nach Hause, denn in dem Moment, in dem wir das Haus verließen, begann unsere Mutter damit, etwas für unsere Rückkehr zu backen.

Wir kamen früh nach Hause, weil es sich lohnte! Es erwarteten uns alle möglichen Köstlichkeiten. Altmodisch? Natürlich, aber unsere Freunde kamen gern zu uns nach Hause, nicht nur, weil meine Mutter so gut kochte, sondern auch, weil sie zu solchen Gelegenheiten Klavier spielte und wir alle sangen und tanzten.

Ich kann gar nicht genug von Lob reden. Wenn die Leute wissen, daß ihre guten Leistungen bemerkt und belohnt werden, wird sie das unglaublich motivieren. Positive Konsequenzen motivieren Menschen, das Benehmen zu wiederholen, das zu diesen Konsequenzen geführt hat. Wie Shula sagte: Man kann nicht von der Presse-Box aus managen.

Du kannst jemanden nur zu Höchstleistungen bringen, wenn du auch Zeuge seiner guten Leistungen bist.

■ Ken BLANCHARD und
Spencer JOHNSON,
zitiert nach »Der 1-Minuten-Manager«

■ SHULA

Eine gute Leistung anzuerkennen, ist ein wichtiger Teil meines Coachings. Ich lobe einen Spieler gerne vor seinen Teamkollegen. Meine Trainer und ich klopfen ihm auf die Schulter oder wir anerkennen eine gute Mannschaftsleistung augenblicklich und wiederholen das Feedback normalerweise beim Mannschaftstreffen, um den Spielern die volle Anerkennung zu geben. Ich halte es für eine gute Taktik, das Lob öffentlich auszusprechen, so wird jeder einzelne berücksichtigt. Gute Spielzüge der Offensivbacks, Ends, Linebacks und Defensivhalfbacks fallen jedem auf, doch was ist mit der Leistung der Spieler, die eher im Hintergrund stehen? Die Special Teams werden kaum von den Sportfans beachtet. Das kann ich mir als Headcoach nicht erlauben.

Vor Jahren habe ich Mannschaftstreffen mit bestimmter Tagesordnung eingeführt, um den Spielern im Hintergrund mehr Anerkennung zu verschaffen. Am Tag nach dem Spiel diskutieren das Team und die Coaches über unsere Leistung. Am Anfang richte ich ein paar Worte an das Team, als Stellungnahme – positiv oder negativ oder wie immer – zum Spielverlauf. Dann schaut sich die gesamte Mannschaft die Aufzeichnungen des Spiels vom Vortag an, um die Leistungen des Special Teams einzuschätzen. In dieser Phase erhalten unsere Spieler die Möglichkeit, die Leistungen ihrer Mitspieler zu loben. Die Spieler des Special Teams fühlen sich aufgewertet, wenn ein Star wie Marino sie lobt. Nach dem Mannschaftstreffen teilt sich das Team, entsprechend der jeweiligen Spielposition, in verschiedene Gruppen auf. Jede Gruppe beurteilt nun das Spiel im Hinblick auf ihre eigene Leistung. Der Headcoach lobt die Leistungen der Spieler in angemessener Form bzw. übt nötigenfalls Kritik.

Das mag nicht ganz der landläufigen Ansicht entsprechen, daß nur Coaches, die streng sind und Leistung verlangen, erfolgreich sind. Dieser Eindruck ist durch die Berichterstattung der Medien entstanden. Es ist wichtig, gute Leistungen anzuerkennen, aber wir sollten die strategische Komponente nicht außer acht lassen. Gutes Coaching bedeutet nicht, jedem auf die Schulter zu klopfen und ihn zu loben. Sie sollten Ihre Mitarbeiter in der Lernphase unterstützen, aber wenn sie beendet ist, sollten Sie mit Ihrem Lob etwas sparsamer umgehen. Wenn unser Coachingteam mit den Spielern im Trainingslager der Vorsaison einen Spielzug einstudiert, unterstützen wir die Spieler, so gut wir können. Wenn die Saison beginnt, erwarten wir etwas mehr und loben etwas weniger. Das Ziel ist, daß die Spieler sich selbst und andere Spieler gemäß ihrer Leistung beurteilen können.

In der Saison 1993/94 bürgerte es sich ein, daß sich Keith Jackson, Irving Frya, Mark Ingram und Keith Byars (je nachdem, wer gerade im Spiel war), nachdem die Dolphins einen Punkt gemacht hatten, am anderen Ende des Spielfeldes zum Gebet niederknieten. Der Sports Illustrated berichtet in seiner Ausgabe vom 5. Dezember 1994 nach einem entscheidenden Touchdown in der letzten Minute gegen die Jets: »Nach dem Spiel tobte Marino wie ein junger Hund über das Feld. Im Gegensatz dazu knieten Ingram und Keith Jackson zum Gebet nieder, bereits zum vierten Mal während des Spiels. ›Danke, o Herr‹, sagte Tight End Ingram. ›Dir gilt der ganze Ruhm. Ich bin nur Dein Diener auf Erden.‹«

■ BLANCHARD

Ich werde oft gefragt »Was sind die wichtigsten Erkenntnisse, die Sie im Lauf Ihrer Tätigkeit über Management und Mitarbeitermotivation gelernt haben?« Ich antworte darauf, die wichtigste Erkenntnis sei ohne Zweifel die, daß man »jemanden bei einer guten Leistung beobachten« müsse. Von allen vier Reaktionsmöglichkeiten wird sich die positive Reaktion am günstigsten auf zukünftiges Verhalten auswirken. Es gibt viele Varianten einer positiven Reaktion. Bob Nelson, einer meiner Kollegen, schrieb darüber vor kurzem einen Bestseller mit dem Titel »1001 Ways to Reward Employees«. Nelson untersuchte über einen Zeitraum von drei Jahren 1500 Unternehmen. Er suchte die effektivste und innovativste Methode, die Manager verwenden, um ihre Mitarbeiter bei guter Leistung zu erwischen. Die Unternehmen, die Bob in seinem Buch erwähnt, haben die Bedeutung eines positiven Feedback erkannt. Dazu einige Beispiele.

Tektronix, Inc., Beaverton, Oregon, ein Hersteller von Oszillographen und anderem elektronischem Equipment, vergibt Karten mit der Aufschrift »Gut gemacht«, die Manager und andere Firmenangehörige als persönliches Dankeschön an ihre Mitarbeiter überreichen können. Bell Atlantics, eine Telefongesellschaft, benennt Niederlassungen nach Topmitarbeitern. Sherpa Corporation, ein Softwareunternehmen in San José, Kalifornien, reicht einen alten Bowlingpokal aus dem Pfandleihhaus für besondere Leistungen herum.

Unserer Erfahrung nach neigen viele Menschen dazu, zuerst die Bedürfnisse ihrer Mitmenschen zufriedenzustellen, und erst in zweiter Linie die eigenen. Bei Blanchard Training & Development überreichten wir letztes Jahr zusätzlich zum Weihnachtsgeld jedem unserer Mitarbeiter eine Fünfzigdollarnote. Wir gaben ihnen anderthalb Stunden frei, damit sie sich dafür etwas kaufen konnten. Danach trafen sich alle, um einander die erworbenen Schätze zu zeigen. Unsere Mitarbeiter waren begeistert. Das Lachen und die gute Laune steckte an. Wir werden uns noch lange an diesen Tag erinnern. Für viele war es das erste Mal, daß sie etwas nur für sich selbst getan hatten.

Nach Untersuchungen von Bob Nelson besteht eine große Lücke zwischen dem, was Manager für motivierend halten, und dem, was ihre Mitarbeiter nach eigenen Aussagen tatsächlich motiviert. Manager denken oft, daß sie sich hauptsächlich für eine Gehaltserhöhung und eine Beförderung interessieren. Doch der größte Ansporn war Lob und Anerkennung: ein persönliches oder schriftliches Dankeschön des Managers für gute Leistungen, ein öffentliches Lob, Mitarbeitertreffen, um Erfolge zu feiern etc. Die Mitarbeiter sind stolz darauf, wenn sie aufgrund ihrer Leistungen befördert wurden. In der Vergangenheit hatten Beförderungen meist nichts mit Leistung zu tun, sondern eher mit dem Geschick der Person, sich innerhalb des Unternehmens nach oben zu arbeiten. Heutzutage wollen Mitarbeiter Anerkennung für ihre Leistung.

L & A (Lob und Anerkennung) sind für ein erfolgreiches Team wichtig. Wenn Sie ein Spiel der Dolphins aufmerksam beobachten, wird Ihnen auffallen, daß Shula und seine Trainer den Spielern für eine gute Leistung immer auf die Schulter klopfen und sie loben. Auch die Spieler loben einander mit Umarmungen und leichten Schlägen auf den Helm. Doch wie sieht es damit in einem Unternehmen aus, dem Spielfeld, auf dem sich die meisten von uns bewegen? Untersuchungen haben ergeben, daß mehr als 50 Prozent der Angestellten – wenn überhaupt – nur sehr selten von ihrem Vorgesetzten gelobt werden.

Warum nehmen sich Manager nicht ein paar Minuten Zeit, um sich bei Mitarbeitern, die ihre Arbeit gut machen, ausdrücklich zu bedanken? Ich bin mir nicht sicher. Vielleicht befürchten sie, daß ein Lob die Frage nach einer Gehaltserhöhung aufbringen wird – oder es fehlt ihnen einfach die Fähigkeit oder das Selbstbewußtsein, andere zu loben. Was auch immer die Gründe sein mögen, daß L & A nicht mehr als Teil des Managements angesehen werden – Arbeitnehmer von heute fordern eine Anerkennung für ihre Leistungen. Sie wollen ein positives Feedback, und das nicht nur einmal im Jahr. Ich bin mir sicher, wenn Manager einmal verstanden haben, daß Leistung direkt mit Lob und Anerkennung zusammenhängt, werden sie dies als Teil ihrer Aufgabe sehen und beginnen, sich über Einwände hinwegzusetzen.

Im Jahre 1989 hatte ich das Vergnügen, mit Jan Carlzon und etwa hundert seiner besten Mitarbeiter bei Scandinavian Airlines Systems (SAS) in Stockholm zusammenzuarbeiten. Carlzon, der 1994 als Vorsitzender der Fluggesellschaft ausschied, hatte die gesamte Verwaltung der Fluglinie umstrukturiert und machte sie so zu einem der besten Dienstleistungsunternehmen Europas. Als ich mit der SAS-Belegschaft zusammenarbeitete, erzählte ich ihnen die Anekdote von dem Personal-Growth Guru Wayne Dyer über den Unterschied zwischen Enten und Adlern, die wir oft in unseren Seminaren verwenden. Enten schnattern eine Menge herum und zählen dem Kunden sämtliche Gründe auf, warum sie ihn nicht entsprechend bedienen können: »Das ist unsere Firmenpolitik«, »Das ist nicht meine Schuld, ich arbeite hier nur«, »Der Computer ist ausgefallen«, »Da müssen sie sich an meinen Vorgesetzten wenden«. Quack, quack! Adler hingegen heben sich von der Masse ab und setzen alles daran, die Wünsche der Kunden zu erfüllen.

Carlzon gefiel dieses Konzept, besonders als ich mich über die Sinnlosigkeit von »Mitarbeiter-des-Monats-Programmen« ausließ. Ich glaube an den Mitarbeiter der Minute. In Unternehmen, mit denen wir zusammenarbeiten, richten wir ein Büro mit der Bezeichnung »Adlernest« ein, und wenn ein Mitarbeiter dabei beobachtet wird, wie er eine außergewöhnliche Leistung vollbringt, wird diesem Büro sofort davon Bericht erstattet. Das »Adlernest« schickt dann einen Mitarbeiter mit einer Polaroidkamera los, um zu versuchen, den Adler in Aktion zu erwischen. Auf diese Art und Weise erhält die Leistung des betreffenden Mitarbeiters sofort eine Anerkennung. Oft wird eine »Wall of Fame« eingerichtet und das Polaroid mit der dazugehörigen Geschichte ausgestellt.

Nach Beendigung meiner Zusammenarbeit mit Carlzon hatten Margie und ich vor, nach Rom zu fliegen, um dort unsere Kinder, Scott und Debbie, zu treffen. Wir hatten unseren Flug mehrmals umgebucht, so daß unser Reisebüro, Nada, unsere Tickets – die wir im voraus bezahlt hatten – am Swiss-Air-Schalter hinterlegen ließ. Am Flughafen wurden wir angewiesen, bei SAS einzuchecken, da sie die Tickets und das Gepäck aller Fluglinien abfertigten. Swiss Air hatte nur einen kleinen Schalter. Als wir zum SAS-Schalter gingen, um einzuchecken, fragte die Dame hinter dem Schalter nach unseren Tickets. Ich sagte, daß wir unsere Tickets im voraus bezahlt hätten und sie abholen wollten. Die Stewardeß entgegnete: »Bezahlte Tickets müssen Sie direkt bei Swiss Air abholen.« Ich senkte frustriert den Kopf und murmelte »Wo ist Swiss Air?« (Ich erinnerte mich gerade an eine Prozedur von zwei Stunden, die wir letzte Woche beim Einchecken bei einer anderen Fluglinie hinter uns gebracht hatten. Das Personal schien Spaß daran zu haben, uns immer wieder in eine neue Warteschlange zu schicken. Wir liefen quer über den ganzen Flughafen.)

Eine Reihe von SAS-Mitarbeitern hatte eine Ausbildung in nonverbaler, interkultureller Kommunikation genossen, und man hatte ihnen beigebracht, daß Amerikaner, die ihren Kopf senken und zu murmeln beginnen, leicht verärgert sind. Die Dame lächelte und sagte: »Setzen Sie sich doch ein bißchen hin. Ich hole Ihnen Ihre Tickets.« Sie kam hinter ihrem Schalter hervor, brachte das Paar hinter uns in eine andere Schlange und lief über den Terminal. Wir trauten unseren Augen nicht. Bei Swiss Air angekommen, ging sie hinter den Schalter, an den Computer, und druckte unsere Tickets aus. Auf dem Rückweg hielt sie die Tickets in die Höhe und wedelte uns damit zu. Sie wußte, daß wir sie beobachteten. Als sie wieder zurück war, sagte sie: »So, jetzt kann ich Sie einchecken.«

Als ich sie nach ihrem Namen fragte, wollte sie wissen, warum ich danach fragte. Zu dieser Zeit hatte ich auf Reisen immer Postkarten mit dem 1-Minuten-Manager-Symbol auf der Rückseite bei mir. Wenn ich mit dem Service besonders zufrieden war, wie in diesem Fall, fragte ich sofort nach dem Namen der Person und der Adresse des Vorgesetzten und schickte diesem eine Karte mit einem Lob für seinen Angestellten. Also zog ich eine Karte aus meinem Koffer und schrieb: »Lieber Jan, ich habe Ihren ersten Adler erwischt. Ihr Name ist Katrina Baugh, das ist ihre Abteilung, und das hat sie für mich getan.« Ich unterschrieb die Karte und warf sie am Flughafen in den Briefkasten.

Vier Tage später, in Rom, erinnerte ich mich an den Vorfall. Ich rief Jan Carlzons Büro an. Seine Sekretärin teilte mir mit, daß Jan zur Zeit nicht in seinem Büro sei. »Kann ich Ihnen irgendwie helfen?" fragte sie. »Ich wollte nur wissen, ob Jan meine Postkarte bekommen hat.« »Ja, sicher, und er war ganz aus dem Häuschen.« »Was hat er gemacht?« »Er schickte Katrina einen Brief. Er schickte ihr Blumen. Er schrieb für unser Firmenblatt einen Artikel, und er gab ihr zu Ehren in unserem Büro eine Party.«

Können Sie sich einen Topmanager vorstellen, der einen Mitarbeiter feiert, weil er seine Position verlassen hat? Was bilden Sie sich ein? Ist das etwa *Ihr* Flughafen? Carlzon störte das nicht.

Wenn ich mitansehen muß, wie jemand etwas nachlässig tut, das nicht nachlässig getan werden darf, dann korrigiere ich ihn auf der Stelle. Ich kann nachlässiges Verhalten nicht einreißen lassen.

■ Don SHULA

■ SHULA

Leichte Fehler gibt es meiner Meinung nach nicht. Wenn die Mannschaft oder ein Spieler einen Fehler macht, dann werde ich oder einer meiner Trainer einschreiten, auf den Fehler aufmerksam machen und darauf bestehen, daß er korrigiert wird. Solche Berichtigungen erfolgen meistens während des Trainings der Vorsaison. Wenn die Saison anfängt, erwarten wir von den Spielern, daß sie wissen, was sie zu tun haben. Wenn sie Fehler machen, ermahnen wir sie. Ich kann mit meinen Gefühlen nicht hinterm Berg halten. Wenn ich mich über etwas ärgere, bekommen meine Spieler und Trainer das zu spüren. Mein Adrenalinspiegel steigt, und alles sprudelt nur so aus mir heraus. Es hat jedoch immer mit der Leistung zu tun, wenn ich mich über einen Spieler oder die Mannschaft ärgere. Ich respektiere meine Spieler. Ich gehe manchmal mit meinen Spielern hart um, aber sie wissen, daß ich sie als Menschen respektiere. Wenn ich oder meine Trainer einen Spieler nicht mögen oder mit ihm einfach nicht zurechtkommen, dann gehört dieser Spieler meiner Meinung nach nicht in unser Team. Das ist einer der Gründe, warum ich bei der Auswahl der Spieler großen Wert auf Charakter lege. Sicher bin ich auf talentierte Spieler angewiesen, aber wenn ihr Charakter und ihre Persönlichkeit nicht zu unserem Team passen, sollten sie in einer anderen Mannschaft spielen.

Ich versuche, mein Feedback auf die Persönlichkeit des Spielers abzustimmen. Bob Griese, unser großartiger Quarterback der siebziger Jahre, war ein sehr ruhiger und nachdenklicher Typ. Er reagierte auf emotionale Kritik eher negativ. Es war besser, ihn auf die Seite zu nehmen, und mit ihm in aller Ruhe ein Gespräch unter vier Augen zu führen. Dan Marino andererseits, unser derzeitiger Quarterback, ist ein emotionaler Spieler, den man ganz anders anpacken muß. Beständigkeit ist der Schlüssel, diese Beständigkeit kann jedoch verschiedene Formen annehmen.

Als Coach müssen Sie den Spielern irgendwie klarmachen, daß sie Ihre Anforderungen zu erfüllen haben. Gewöhnlich geschieht das beim Training oder nach dem Spiel, indem sich der Coach einmischt, wenn die Leistung unter die Toleranzgrenze gesunken ist. Von Zeit zu Zeit werden einige der Leute, die Sie coachen, versuchen, die Grenzen auszutesten. Es ist wichtig, daß Sie diesen Test bestehen. Sie dürfen offensichtliches Fehlverhalten und Regelverstöße nicht hinnehmen. Wenn Sie es tun, werden die Spieler das falsch interpretieren. Bei dieser Art von Auseinandersetzung gilt es, weise und flexibel zu reagieren. Ich hatte einige Probleme mit Spielern. Man darf einer Auseinandersetzung nicht aus dem Weg gehen. Auch in diesem Fall geht es wieder darum, daß Ihre Überzeugungen und Ihre Ansprüche unmißverständlich klar vermittelt werden.

In der Lunchpause des Trainingslagers von 1994 trieben die Veteranen mit Tim Bowens, unserem Defensiv-Tackle, ihren Spaß. Sie machen das mit neuen Spielern immer. Die Spieler forderten ihn auf, die »Mississippi Alma Mater« für die Mannschaft zu singen. Bowens weigerte sich. Mit seinen 140 Kilogramm konnte ihn auch niemand dazu bringen. Nach dem Lunch, als wir uns zum Training umzogen, stellte er fest, daß sein Spind vollkommen ausgeräumt war. Er hatte nichts zum Anziehen für das Training – ein typischer Streich. Bowens begriff nicht, daß es nur Spaß war, stieg in sein Auto und fuhr nach Hause.

Die Spieler dürfen das Trainingsgelände nicht ohne Erlaubnis verlassen, und so machte sich Stu Weinstein, unser Security Officer, zusammen mit Bowens' Agent auf, um ihn zurückzuholen. Sie brachten ihn am späten Nachmittag wieder zurück und schickten ihn gleich zu mir ins Büro. Ich fragte: »Tim, was ist passiert?« Er antwortete: »Ich bin hier zum Footballspielen und nicht zum Singen, Coach.« Ich mußte ihn für das Verlassen des Trainingslagers bestrafen, aber ich versuchte, in dieser Situation verständnisvoll zu reagieren. Er kam aus einer Kleinstadt in Mississippi, war nur ein Jahr lang an der Universität gewesen und verstand nicht so recht, was für die anderen so witzig war. Er hat das Trainingslager nie wieder ohne Erlaubnis verlassen, und ich kann froh sein, denn er hatte ein gutes erstes Profijahr. Er war einer der wichtigsten Spieler unserer Defensive. Seine Beiträge waren sehr wichtig. Die Mannschaft und Joe Greene wußten das zu schätzen.

■ Don SHULA

■ BLANCHARD

Wenn einer Ihrer Mitarbeiter oder Ihr Team nicht verstanden hat, was er/es tun soll, müssen Sie ihn/es darauf aufmerksam machen und auffordern, den Fehler zu korrigieren. Wenn jemand in der Lernphase einen Fehler macht und Sie ihn dafür zurechtweisen oder bestrafen, wird das nur das Maß der Angst steigern, und er wird versuchen, seinem Peiniger – nämlich Ihnen – aus dem Weg zu gehen. Es ist wahrscheinlich, daß Menschen es mißverstehen, wenn sie in einer Lernphase für einen Fehler bestraft werden. (Wenn Sie Ihrem Kind das Laufen beibringen, und ihm jedes Mal, wenn es stolpert, einen Klaps geben, kann es wahrscheinlich mit 21 noch nicht richtig gehen.) Wenn ein Schüler einen Fehler macht, sollten Sie sicherstellen, daß der Betreffende auch erfährt, was er falsch gemacht hat. Sie sollten den Fehler jedoch auch bei sich selbst suchen (»Vielleicht war ich nicht deutlich genug?«) und dann in aller Ruhe die Situation analysieren und den Fehler korrigieren (»Lassen Sie uns wiederholen, worum es eigentlich ging!«). Das bedeutet soviel, wie die Parameter der Aufgabe neu zu setzen und – wenn möglich – vorzuführen, wie man es richtig macht.

Eine kritische Anmerkung ist ein Beispiel für eine negative Reaktion. Sie müssen dem anderen so schnell wie möglich erklären, was er falsch gemacht hat. Eine »gute Kritik« ist genau definiert, sie vermittelt Ihre Gefühle und läuft darauf hinaus, daß der andere als Mensch bestätigt wird. (»Sie haben Ihren Bericht nicht rechtzeitig eingereicht. Ich bin enttäuscht, denn alle anderen haben es getan. Ich bin verärgert, denn normalerweise kann ich mich auf Sie verlassen!«). Kritisieren Sie nur, wenn das Team oder der einzelne bereits bewiesen hat, daß es oder er die Anforderungen erfüllen kann, jetzt aber die Leistung unter das übliche Niveau gefallen ist.

Um zu verdeutlichen, wann eine Berichtigung und wann ein Tadel angebracht ist, werde ich Ihnen ein Beispiel aus meiner Coachingerfahrung geben. Als ich noch jung, schnell und dünn war, spielte ich Basketball. Ich überlegte damals, selbst Coach zu werden. Während meiner Collegezeit erhielt ich die Gelegenheit, Trainer des Freshman-Teams zu werden. Wir hatten zwei gute Spieler angeworben. Einer von ihnen kam aus New York City, war zwei Meter groß und ein hervorragender Spieler. Er konnte springen, rennen und werfen. Er war einer der besten Spieler, die wir je hatten. Der zweite war 2,10 Meter groß und aus dem Norden des Staates New York. Wenn man ihm den Ball zuwarf und er ihn fing, war das ein Glücksfall. Was hatte dieser Spieler im Team verloren? In den frühen sechziger Jahren waren große Spieler schwer zu bekommen. Ein Spieler mußte oft nur groß sein und laufen können, damit er in die Mannschaft aufgenommen wurde.

Doch unser Spieler aus New York City spielte nicht gerne in der Defensive. Für ihn schien das Spielfeld nur *ein* Ende zu haben. Er spielte mit Vorliebe offensiv. Wir versuchten alles, um ihn dazu zu bewegen, in der Defensive zu spielen. Eines Tages war das Maß voll. Als er sich wieder einmal nur beim gegnerischen Korb aufhielt, holten wir ihn aus dem Spiel. Der Headcoach faßte ihn am Kragen, stieß ihn auf die Bank und schrie auf ihn ein. Wir schleuderten ihm alle Schimpfwörter entgegen, die uns einfielen. Seine erste Reaktion war, zurückzuschreien und uns zu fragen, was los sei. Wir hatten noch nie etwas von der 1-Minuten-Kritik gehört, aber es machte Sinn, zu sagen: »Weil du gut bist! Du könntest der Beste sein, wenn du nur lernen würdest, in der Defensive zu spielen.« Wenn er nach diesem Vorfall einmal in der Defensive nachließ, mußten wir lediglich seinen Namen rufen, und er riß sich am Riemen. Er wußte, daß wir ihn sonst aus dem Spiel nehmen und ihm die Hölle heiß machen würden.

Wenn wir mit dem Spieler vom Lande genauso verfahren wären, hätten wir damit gar nichts erreicht. Er wußte nicht, wie man defensiv spielt, und hätte gedacht, daß wir Unsinniges von ihm verlangten. Er hätte wahrscheinlich versucht, es uns heimzuzahlen oder auch abzuhauen. Als er mit der Defensive Probleme hatte, holten wir ihn aus dem Spiel und nahmen ihn zur Seite: »John, der Grund, weshalb dir der Knirps, der dich deckt, alle Bälle wegschnappt, ist der, daß du dich jedes Mal, wenn er schießt, umdrehst und in die Luft starrst, als wärst du auf einer Sightseeing-Tour. In der Zwischenzeit rennt er um dich herum und fängt den Ball unterm Netz auf. Das ist der Grund, warum er alle Bälle bekommt. Wir schicken dich jetzt wieder auf die gleiche Position. Diesmal wollen wir, daß du dich nur auf deinen Mann konzentrierst und ihn beobachtest. Fixiere seinen Bauchnabel. Da ist nichts dabei, denn Studien beweisen, daß der Körper sich in dieselbe Richtung bewegt wie der Bauchnabel.«

Als er dann wieder in das Spiel ging und das gegnerische Team einen Wurf machte, konzentrierte er sich sofort auf den Bauchnabel des Spielers. Dieser bemerkte es und guckte an sich herunter, als wäre sein Hosenschlitz offen. Nachdem er sich überzeugt hatte, daß alles in Ordnung war, schaute er wieder unseren Spieler an. Als die beiden einander so anstarrten, fing keiner von ihnen den Ball. Der gegnerische Coach rief nach seinem Spieler, bis dieser darauf aufmerksam wurde. Er manövrierte damit unseren Spieler unter den Korb, von wo aus er keinen Ball annehmen konnte. Also riefen wir John wieder aus dem Spiel und sprachen mit ihm: »Das hast du gut gemacht!« Er lachte und sagte: »Ich werde seinen Bauchnabel nicht mehr aus den Augen lassen.«

Wir schickten ihn wieder ins Spiel, doch diesmal sollte er sich, während er den Bauchnabel des Gegners fixierte, langsam zum Korb umdrehen und den Ball fangen, wenn er durch den Korb fiel. John befolgte unsere Anweisungen, und wie durch ein Wunder landete der Ball in seinen Händen. Doch er wußte nicht, was er damit anfangen sollte, drehte sich um und stand vor seinem Gegner. Der schlug ihm den Ball aus den Händen, warf einen Korb und machte zwei Punkte. Als er wieder zur Bank zurückkam, sagten wir: »Das hast du gut gemacht! Doch diesmal hältst du den Ball so lange fest, bis einer unserer Spieler in der Nähe ist, um ihn anzunehmen.« Haben wir den Spieler ungerecht behandelt? Nein. Er wußte nur nicht, was er tun sollte. Jedes Mal, wenn wir ihn aus dem Spiel holten, lobten wir ihn für seine Fortschritte und gaben ihm Ratschläge für den nächsten Schritt. Wenn wir unseren Spieler aus New York City so behandelt hätten, wäre er beleidigt gewesen. Er wußte, wie er in der Defensive zu spielen hatte, ihm fehlte lediglich die Motivation für den weniger dramatischen Teil des Spiels.

Eine Berichtigung ist angebracht, wenn Unkenntnis die Ursache des Fehlers ist, Kritik ist angebracht, wenn fehlende Motivation der auslösende Faktor ist. Nachdem Sie jemanden kritisiert haben, ist es wichtig, ihn spüren zu lassen, daß Sie ihn als Menschen immer noch schätzen. Gehen Sie sicher, daß die Person, die Sie kritisieren, merkt, daß Sie verärgert sind, weil Sie von ihm oder ihr mehr erwarten. (»Sie können es besser.«) Diese Phase der Kritik ist sehr wichtig, doch ihre Durchführung fällt manchmal schwer.

Als mein Sohn Scott die Senior-High-School besuchte, hatten wir oft Streit, weil er mit seinem Auto die Auffahrt blockierte. Ich bat ihn, auf der Straße zu parken. Eines Tages kam ich nach Hause, und er hatte nicht nur die Auffahrt blockiert, sondern war auch noch weggegangen und hatte den Autoschlüssel mitgenommen. Ich war außer mir. Drei Stunden später tauchte er auf. Ich erwartete ihn schon, stürmte auf ihn zu und stauchte ihn mächtig zusammen. Ich ließ keinen Zweifel daran, daß er etwas falsch gemacht hatte, und was ich darüber dachte. Als ich wieder ins Haus zurückging, lief Scott hinter mir her. Er folgte mir in die Küche. »Dad«, sagte er, »du hast den letzten Teil deiner Kritik vergessen, du weißt schon, das ›Du bist ein guter Sohn. Ich liebe dich!‹ – und das paßt so gar nicht zu dir.« Ich brach in Gelächter aus. Wir umarmten einander. Von diesem Tag an ließ Scott seinen Wagen nie wieder in der Auffahrt stehen. Und ich achtete genauer darauf, daß ich nach einer kritischen Bemerkung die Ermunterung nicht vergaß.

■ Ken BLANCHARD

ERFOLGSGEHEIMNIS NR. 5

INTEGRITÄT

Shula ist ein durch und durch ehrlicher Mensch. Und das ist genau das, was die Leute von einer Führungskraft brauchen und erwarten. Erfolgreiche Führungskräfte drücken sich immer klar und deutlich aus. Wenn die Leute heutzutage schon keinen sicheren Arbeitsplatz mehr erwarten können, verlangen sie wenigstens, daß man zu ihnen ehrlich ist. Bei Don Shula kann man sich auf sein Wort verlassen.

■ Ken BLANCHARD

Ja, Shula ist nur ein Profi-Football-Coach, wenn auch – dank seiner 325 Siege – der bekannteste. Aber in einem Geschäft, in dem man täglich auf den nächsten Skandal wartet, hat Shula sich einen Ruf gesichert, den nur wenige, die in Südflorida in der Öffentlichkeit stehen, für sich in Anspruch nehmen können. Er ist anständig.

■ S. L. PRICE,
Miami Herald,
Shula-Sonderausgabe,
15. November 1993

■ SHULA

Einen Großteil der Anerkennung erhielt ich für meinen Erfolg als Coach. Ich bin jedoch besonders stolz, wenn ich für meine Integrität Anerkennung erhalte – eine Größe, die sich nicht anhand der Siege und Niederlagen messen läßt. Es freute mich, als die Journalistin Peggy Stanton mich als einen der neun Männer auswählte, die sie in ihrem Buch »The Daniel Dilemma: The Morale Man in the Public Arena« porträtierte. Ich war stolz darauf, daß S. L. Price im Miami Herald einen Tag, nachdem ich den Halas-Rekord gebrochen hatte, schrieb, ich sei anständig.

Etwas zu tun, das ich nicht mit meinen moralischen Grundsätzen vereinbaren kann, würde meine Selbstachtung untergraben – das Bild, das ich von mir selbst habe. Ich hätte Probleme, meiner Familie gegenüberzutreten. Ich gebe zu, daß Football ein brutaler Sport ist, aber er ist hart und gerecht. Der Kampf um Erfolg und die Risiken und Entbehrungen, die einem Sieg vorangehen, sind für mich ein Teil des »American Way of Life«. Aber im Football ist kein Platz für »unnötige Gewalt«, wenn beispielsweise ein Spieler seinem Gegner grundlos auf den Kopf schlägt oder ihn von hinten zu Fall bringt. Als langjähriges Mitglied des NFL Competition Commitee habe ich Regeln mit ausgearbeitet, die unnötige Gewalt verhindern. Wenn man mich als Coach für irgendeine Leistung in Erinnerung behält, dann hoffentlich dafür, daß ich mich an die Regeln gehalten habe. Ich hoffe auch, daß man über meine Mannschaft sagen wird, daß sie im Sieg wie in der Niederlage nie ihre Würde und ihren Anstand verloren haben. Ich bin stolz darauf, daß die Dolphins, seit meiner Zeit in Miami, die Mannschaft mit den wenigsten Verwarnungen des gesamten NFL ist. Meine Mannschaft soll ihre Siege ehrlich erkämpft haben.

Um die Regeln befolgen zu können, muß man sie beherrschen. Dies bedeutet nicht nur, fair zu spielen. Manchmal ist die Beherrschung der Regeln auch der ausschlaggebende Faktor zwischen Sieg und Niederlage.

Mein Bedürfnis, fair zu sein, verursacht mir viel Kopfzerbrechen, wenn es um Personalentscheidungen geht, z. B. als ich mich zwischen Bob Griese, der gerade von einer Knöchelverletzung genesen war, und Earl Morrall für das Superbowl-Spiel gegen Washington entscheiden mußte. Während Morrall uns auf dem Weg zum Superbowl unterstützt hatte, hatten er und das Team beim letzten Spiel Schwierigkeiten, über die Torlinie zu gelangen. Griese wiederum hatte die zweite Hälfte des Pittsburgh AFC-Championship eingeleitet und im Grunde den Sieg herbeigeführt. Morrall hätte verdient, zu spielen, da er für die Mannschaft in der Vergangenheit viel getan hatte. Aber ich entschied mich für Griese, denn ich mußte im Interesse der aktuellen Mannschaft handeln. Diese Entscheidung sollte sich bewähren. Wir gewannen mit Griese das Spiel. Nachdem ich die Entscheidung getroffen hatte, bereitete es mir Kopfzerbrechen, wie ich einem Spieler, der uns zu elf Siegen verholfen hatte, beibringen könnte, daß er nicht derjenige sein würde, der uns in das entscheidende Spiel führte.

Ich rede nie lange um den heißen Brei herum. Ich gehe die Dinge immer sehr direkt an, setze mich mit dem Spieler an einen Tisch, blicke ihm offen ins Gesicht und sage: »Das ist meine Meinung. Du bist vielleicht nicht damit einverstanden. Aber so stellt es sich mir dar, und deshalb habe ich eine solche Entscheidung getroffen. Ich weiß, daß es schwer ist, das zu schlucken, aber ich hätte gerne, daß du meine Meinung und meine Beweggründe kennst.« Die Entscheidung verletzte Morrall, aber er schätzte die Art und Weise, wie ich damit umging. Er sagte: »Das Beste, was Don tun konnte, war, die Dinge beim Namen zu nennen. Er ließ uns bei der Frage, wer nun als Quarterback eingesetzt werden sollte, nicht im dunkeln tappen und verhinderte so, daß sich das Team in zwei Fraktionen spaltete.«

> *Don Shula schätzt Ehrlichkeit auch bei anderen. Bei meinem ersten Spiel als NFL-Schiedsrichter passierte mir in einem Spiel mit Shulas Baltimore Colts ein grober Fehler. Shula und sein Team waren außer sich. Im Verlauf des Spiels bemerkte ich, was ich getan hatte. Als ich an der Bank der Colts vorbeikam, rief Shula: »He, du Anfänger, was zum Teufel treibst du eigentlich da draußen?« Ich blieb stehen und sagte: »Coach, ich habe Mist gebaut. Es tut mir furchtbar leid.«*
> *Nach dem Spiel, das Baltimore verlor, fragten die Reporter Shula sofort, was er über meine Schiedsrichterentscheidung dachte. Shula antwortete: »Holst hat sich bei mir für seinen Fehler entschuldigt. Das war sehr ehrlich von ihm. Nächste Frage.«*
>
> ■ Art HOLST,
> ehemaliger NFL-Schiedsrichter

■ BLANCHARD

Im Jahre 1994 brachte »Fortune« einen Artikel mit dem Titel »The New Deal in Business«. Früher hatte ein loyaler Mitarbeiter einen sicheren Posten. Dem Artikel zufolge kann dieses Versprechen heutzutage kein Unternehmer mehr geben. Sichere Arbeitsplätze gehören der Vergangenheit an, und so verhält es sich mit Loyalität. Was ist also »The New Deal«? Wir haben versucht, das herauszufinden. Wenn wir Manager fragen, was sie sich von ihren Angestellten erwarten, nennen sie Begriffe wie Initiative, Problemlösung und die Bereitschaft, Verantwortung zu übernehmen – alles Begriffe aus dem Bereich der Mitarbeiterbevollmächtigung. Wenn wir auf der anderen Seite die Mitarbeiter fragen, was sie von ihrem Management erwarten, wünschen sie sich vor allen Dingen Ehrlichkeit. Sie wollen nicht, daß man ihnen heute etwas von einem Entlassungsstopp erzählt und zwei Monate später wieder Mitarbeiter gekündigt werden. Sie wollen nach Shulas Vorbild behandelt werden, nämlich ehrlich.

In einer Wettbewerbsumgebung, in der alles möglich scheint, sind moralische Grundsätze oft das erste, was über Bord geworfen wird. Einer der Gründe, warum dies keine gute Idee ist, ist die Tatsache, daß die Menschen sich eine integre Führungskraft wünschen.

John Wooden, der berühmte UCLA Basketball-Coach, hat dafür das Sprichwort zitiert: »Ein gutes Gewissen ist das beste Ruhekissen.« Ehrlichkeit wird sich auf jeden Fall positiv auf Ihre Selbstachtung auswirken. Doch warum gibt es dann nicht mehr Menschen, die nach moralischen Grundsätzen handeln? Einer der Gründe, warum moralisches Verhalten oft einen niedrigen Stellenwert einnimmt, ist der unbegründete Glaube, daß es dem Geschäft schaden könnte. Das genaue Gegenteil trifft zu. Während der Arbeit an unserem Buch »Die Kraft positiven Führens« kamen Vincent Peale und ich zu der Ansicht, daß es dem Geschäft eher zugute kommt – sowohl in finanzieller Hinsicht als auch in anderen Bereichen. Langfristig erfolgreiche Unternehmen orientieren sich meistens an moralischen Prinzipien.

Solides Unternehmertum konzentriert sich auf die Entwicklung und Pflege langfristiger Geschäftsbeziehungen. Ein Unternehmen, das seine Kunden, Lieferanten und Mitarbeiter ausnutzt, um schnell einen finanziellen Gewinn zu machen, wird für ein Quartal seinen Profit leicht steigern können. Doch das zerstörte Vertrauen kann so leicht nicht mehr hergestellt werden. Enttäuschte Kunden werden bei der erstbesten Gelegenheit zur Konkurrenz wechseln. Ein Lieferant, der das Gefühl hat, daß man ihn hintergangen hat, wird einen Weg finden, das Unternehmen unter Druck zu setzen. Und Mitarbeiter, die sich unfair behandelt fühlen, werden versuchen, sich an ihrem Arbeitgeber zu rächen, indem sie beispielsweise Waren oder Inventar entwenden, Rechnungen fälschen, von der Arbeit aus private Ferngespräche führen, häufig »blau machen« etc.

Clevere Busineß-Leute wissen, daß unternehmerischer Erfolg und die Einhaltung moralischer Grundsätze bei der Betriebsführung Hand in Hand gehen. Sie konzentrieren sich auf die langfristigen Ziele und denken über tagtägliche Unternehmensabläufe hinaus. Sie wissen, daß aus falsch nicht richtig werden kann. Kenneth T. Derr, Vorsitzender der Chevron Corporation, sagt: »Für mich steht außer Zweifel, daß moralisches Verhalten sich auszahlt, denn ich weiß, daß zumindest unsere Mitarbeiter nachts gut schlafen können und so tagsüber bessere Leistungen bringen.«

Ich kann niemandem etwas vormachen und meine Gefühle verbergen. Wenn ich glücklich bin, bin ich glücklich. Wenn ich verärgert bin, bin ich verärgert. Ich bin zu meinen Leuten ehrlich und wünsche mir, daß sie es genauso halten.

■ Don SHULA

■ SHULA

Bei meiner ersten Pressekonferenz in Miami wurde ich aufgefordert, meinen Führungsstil zu beschreiben. Ich sagte: »Ich bin so zart wie ein Schlag ins Gesicht.« Ich gehe Probleme direkt an. Ich kann nicht um den heißen Brei herumreden und diplomatisch zu einer Sache hinführen. Meine Spieler wissen das, und sie erwarten von mir diese Offenheit. Deckungsgleichheit zwischen Denken und Tun ist für mich sehr wichtig. Ich halte, was ich verspreche. Ich spiele keine Spielchen. Ein erfolgreicher Coach scheut sich nicht, seinen Leuten offen gegenüberzutreten. Er lobt sie aufrichtig, er korrigiert und kritisiert sie, ohne sich dafür zu entschuldigen, und er ist vor allem ehrlich. Integrität lohnt sich und bedeutet, sich selbst und anderen gegenüber ehrlich zu sein. Das ist einer der wichtigsten Grundsätze meiner Coachingphilosophie.

Wenn mir beispielsweise auffällt, daß ein Spieler seine Fähigkeiten nicht ausschöpft, das heißt nicht seine volle Leistung gibt, bin ich der Meinung, daß dieses Problem sofort angesprochen werden sollte. Ich möchte das Problem so schnell wie möglich beseitigen, bevor es sich festsetzen kann. Das ist auch der Grund, warum ich im Frühjahr 1994 mit Keith Jackson, einem Spieler, den wir 1992 von den Philadelphia Eagles bekamen, ein Gespräch unter vier Augen führte. In seinem ersten Jahr bei den Dolphins war er eine echte Bereicherung. Doch in der Saison 1993/94 fiel er oft wegen leichterer Verletzungen aus, und wenn er einmal spielte, erreichte er nie seine alte Form bzw. spielte nie so, wie er spielen könnte. Wenn wir 1995 in den Superbowl kommen wollten, konnten wir auf Jacksons Führungsqualitäten aber nicht verzichten. Er hat auf die Mannschaft einen beruhigenden Einfluß, bleibt bei Sieg und Niederlage realistisch und ist für unsere jüngeren Spieler ein Vorbild. Ich hoffte nun, daß ich diese Probleme aus der Welt schaffen konnte, indem ich mit Jackson offen redete und auch von ihm Ehrlichkeit erwartete. Keith schien das anzuerkennen. Er wußte, ich würde nicht mit ihm reden, wenn ich sein Talent, seine Fähigkeiten und ihn als Mensch nicht schätzte. Wenigstens hoffte ich, daß er es wußte.

Ich bin immer bestrebt, daß das, was ich sage, dem entspricht, was ich tue. Ich habe über die Jahre viel gelernt und bin längst nicht mehr so intensiv und emotional, wie ich es einmal war. Aber ich hoffe, daß meine Spieler wissen, daß ich denke, was ich sage, und sage, was ich denke. Für mich ist die Deckungsgleichheit zwischen diesen Komponenten eine Grundvoraussetzung erfolgreichen Coachings. Ganz gleich in welcher Situation Sie sich befinden, Coaching wird Sie vor neue Herausforderungen stellen. Sie werden die Möglichkeit erhalten, an Ihrer Aufgabe zu wachsen. Im Umgang mit Ihren Mitarbeitern wird Ihr Charakter auf den Prüfstand gestellt werden, besonders wenn Sie im Licht der Öffentlichkeit stehen. Sie sollten auf den Druck gefaßt sein und sich darauf einstellen, indem Sie Ihre Überzeugungen so deutlich wie möglich zum Ausdruck bringen, und auch keinen Zweifel daran lassen, welche Maßstäbe Sie setzen und in welcher Weise Sie den Leuten begegnen werden, damit sie gute Leistungen erbringen.

■ BLANCHARD

Die meisten Menschen sind schon einmal mit angezogener Handbremse losgefahren und haben sich gefragt, warum der Wagen nicht richtig zieht. Wenn sie die Ursache entdeckt und die Handbremse gelockert haben, macht der Wagen einen Satz. Bei vielen Unternehmen verhält es sich ähnlich, und eine der Ursachen ist die Tatsache, daß Manager ihre Leute nicht so behandeln, wie sie es angekündigt haben. In Unternehmen geht ein großer Teil der Energie verloren, weil Manager sich nicht an ihre Versprechen halten und damit ihre Mitarbeiter enttäuschen.

Ich habe in den letzten Jahren zusammen mit Michael O'Connor, Autor und führender Unternehmensberater im Bereich Wertemanagement, Unternehmen dabei geholfen, durch Wertvorstellungen zu managen und die Lücke zwischen dem Image, das sie vermitteln möchten, und den tatsächlichen Verhältnissen zu schließen. Inwieweit hält das Management seine Versprechen? Wenn wir erst einmal wissen, welche Vision das Unternehmen und seine Leiter haben, untersuchen wir, ob das Management mit der Vision konform geht.

Im Prozeß des »Managing By Values« (MBV – Managen durch Wertvorstellungen), den unser Unternehmen vertritt, ist Kongruenz einer der Schlüsselfaktoren. In jeder der Firmen, mit denen wir zusammengearbeitet haben, ist Integrität einer der wichtigsten Werte. Wenn das Unternehmen seine Vision erst einmal formuliert und jedem seiner Mitarbeiter vermittelt hat, gilt es, eine Methode zu entwickeln, die Lücken zwischen Vision und Realität zu schließen. Wenn es beispielsweise vorkommt, daß einer der Vorgesetzten einen seiner Mitarbeiter anschreit und davonstürmt, ist der Mitarbeiter aufgefordert, »Lücke!« zu rufen. (Ein Faktor moralischen Verhaltens ist, nicht die Selbstachtung einer anderen Person zu untergraben.) Der Manager und der Angestellte setzen sich daraufhin zusammen und praktizieren POPS, was wir People Oriented Problem Solving, das heißt, am Menschen orientierte Problembewältigung, nennen. Sie gehen dabei nach einem Fragenkatalog vor, der ihnen die Analyse des Problems sowie den Entwurf von Maßnahmen zur Vermeidung solcher Vorkommnisse in Zukunft erleichtern soll. Wenn der Angestellte sich scheut, seinen Vorgesetzten direkt anzusprechen, kann er einen firmenintern gewählten Ombudsmann hinzuziehen. Dieses System stellt ein Gleichgewicht zwischen den Werten und dem tatsächlichen Verhalten des Unternehmens her.

Jedes Jahr schicken mir mehr als hundert Unternehmen ihren Jahresbericht zu. Jeder Bericht beginnt mit Statements wie »Ohne unsere Kunden wären wir nicht, wo wir heute sind« und »Unsere Mitarbeiter sind unser größter Schatz«. Es scheint, daß alle von dem Stellenwert der Kunden und Mitarbeiter überzeugt sind. Doch wie sieht die Realität aus? Es tun sich regelrecht Abgründe auf. Wie reagieren Unternehmen beispielsweise auf Kundenprobleme? Die meisten Unternehmen unterziehen ihre Kunden einem inquisitorischen Verhör. Dies ist einer der Gründe, warum Kunden es vorziehen, sich nicht zu beschweren – sie wechseln einfach die Firma.

Lücken sind nicht nur in Unternehmen ein Problem, sondern auch in unserem Privatleben. Wir sagen, daß unsere Familie für uns wichtig ist, doch das durchschnittliche amerikanische Ehepaar unterhält sich am Tag nicht länger als sieben Minuten, wobei in durchschnittlichen Haushalten der Fernseher fünf bis sechs Stunden täglich läuft. Wir sagen, daß unsere Gesundheit wichtig ist, doch wann beginnen die meisten Menschen Sport zu treiben oder ihre Ernährung umzustellen? Nach dem Herzinfarkt. Wir alle müssen Wege finden, die Lücken zwischen dem, was wir sagen, und unserem tatsächlichen Handeln zu schließen. Mich hat an der Arbeit mit Don inspiriert, daß er im beruflichen wie im Privatleben bemüht ist, dieses Gleichgewicht herzustellen.

Football ist ein ernstes Spiel, in dem eine Menge Geld, viele Jobs und viel Stolz auf dem Spiel stehen. Aber es gehört auch Humor dazu. Ich erinnere mich noch, als ich das erste Mal mit Brille zu einem NFL-Spiel erschien. Auf unserem Weg zum Spielfeld kamen ich und die anderen sechs Schiedsrichter bei John Madden, dem Coach von Oakland, vorbei. Er musterte mich und sagte: »Wir haben in diesem Land zweihundert Millionen Einwohner, und es gelingt uns nicht einmal, sieben Schiedsrichter aufzutreiben, die keine Brille brauchen?« Wir brachen alle in Gelächter aus.

■ Art HOLST,
ehemaliger NFL-Schiedsrichter

■ SHULA

Ich habe allerhand Spitznamen: Panzer, Bulldozer und so weiter. Jeder spricht über meine spitze Zunge und die Tatsache, daß ich einmal die Bemerkung machte: »Ich bekomme keine Magengeschwüre, ich sorge vielmehr dafür, daß andere sie bekommen.« Aber es gibt wenige Dinge, die ich lieber tue als lachen. Sinn für Humor hilft, das richtige Maß im Auge zu behalten. Wenn ich mit einem Spieler unseres Teams ehrlich und offen ein Problem bespreche, hoffe ich, daß er das nicht persönlich nimmt und versteht, daß ich versuche, das Beste aus ihm herauszuholen. Sinn für Humor erleichtert es auch, Kritik hinzunehmen, ohne sich dadurch niederschmettern zu lassen. Kritik ist nie eine Sache auf Leben und Tod. Es hat mir als Coach immer besonders viel Spaß bereitet, mit Spielern zusammenzuarbeiten, die Sinn für Humor hatten. Diese Spieler nehmen zwar ihre Aufgabe ernst, aber sie nehmen sich selbst nicht so wichtig. Sie haben mir durch ihr Vorbild geholfen, das gleiche zu tun.

Larry Csonka war so ein Typ. Mir ist selten jemand begegnet, der so viel Ehrgeiz und Führungsqualität besaß, wie er. Er wollte gewinnen und gab 150 Prozent, und das verlangte er auch von den anderen. Csonka ist der einzige mir bekannte Spieler, der wegen »unnötiger Gewalt« im Spiel verwarnt wurde.

Csonka war ein begeisterter Spieler, aber er trainierte nicht besonders gerne. Unsere Mannschaft mußte ihn manchmal zum Training motivieren. Von der Presse wurden Csonka und sein Freund Jim Knick Butch Cassidy and The Sundance Kid genannt. Einmal riß mir während der an sich perfekten Saison die Geduld, und ich stauchte sie ordentlich zusammen. Nach dem Training wollte ich mich duschen, und als ich die Tür öffnete, starrte mich ein lebender Alligator an! Ich machte einen Satz und rannte aus dem Duschraum direkt zu Csonkas Spind.

»Was soll das«, schrie ich.

Csonka lachte und sagte: »Coach, was brüllen Sie uns an? Sie sollten sich lieber bei Jim und mir bedanken. Die anderen wollten, daß der Alligator das Maul offen behält, aber wir haben dafür gestimmt, es zuzubinden.«

Eine andere Geschichte, die ich gerne erzähle, handelt von Jimmy Orr, einem talentierten Receiver, den ich in Baltimore trainiert habe. Orr konnte Pässe ausgesprochen gut fangen, aber er spielte nicht besonders gerne Downfield. Als ich ihn darauf ansprach, unterbrach er mich: »Coach, kann ich etwas sagen, bevor Sie weitersprechen?«

»Sicher«, antwortete ich.

»Sie werden doch von einem Rassepferd nicht verlangen, daß es die Arbeit eines Mulis verrichtet?«

Da mußte ich lachen. Mitten in einem ernsten Gespräch brachte Orr es fertig, mich zum Lachen zu bringen. Mit den Jahren habe ich gelernt, daß harte Arbeit und Leistung in Verbindung mit Freude an der Sache die idealen Voraussetzungen sind, die eine offene und ehrliche Atmosphäre schaffen helfen.

Diejenigen, die am meisten von Shulas Temperamentsausbrüchen und seinem Humor abbekamen, waren die Schiedsrichter. »Shula ist ein sehr intensiver Mensch«, erzählt Art Holst, ein ehemaliger NFL-Schiedsrichter, der mit Shula jahrelang zu tun hatte. »Jahrelang nannte er mich ••«, lächelt Holst. »Einmal, bei einem Punt in Pittsburgh, war er der Ansicht, daß Pittsburgh im Abseits stand. Ich war anderer Meinung. Später, als Miami einen Paß beendet hat-

te, pfiff ich ein Foul. Shula rannte am Spielfeld hinter mir her und schrie: ›Komm rüber, du ••! Ich will mit dir •• reden!‹ Ich entgegnete: ›Was wollen Sie, Coach?‹ ›Ich möchte mit Ihnen darüber sprechen, warum Sie das Abseits nicht gepfiffen haben und uns dann noch wegen eines Fouls verwarnen. Das war kein Foul!‹ Ich entgegnete: ›Sie kennen mich, Coach. Ich bin seit acht Jahren in der Liga, und ich pfeife alles, was ich sehe. Was ich nicht sehe, pfeife ich nicht.‹ Shula drehte sich um, machte vier, fünf Schritte. Dann drehte er sich wieder zu mir und sagte: ›Okay, Art, du hast recht. Aber trotzdem bist du ein ••!‹ Wir mußten beide lachen.«

Jim Tunney, ein ehemaliger NFL-Schiedsrichter, lacht, wenn er den Namen Don Shula hört. »Shula kennt die Regeln so gut, daß er manche Schiedsrichter damit einschüchtert. Dazu eine meiner Lieblingsgeschichten: Wir hatten in Washington bei einem Spiel der Dolphins gegen die Redskins einen neuen Schiedsrichter. Die Dolphins machten einen Paß, und es sah aus, als würde einer der Spieler dabei behindert, den Paß zu fangen, aber der Schiedsrichter reagierte nicht. Shula rief mir zu: ›Tunney! Tunney! Was ist denn da los?‹ Ich war nicht auf meiner Position und konnte nicht pfeifen, also ist es die Entscheidung des Feldschiedsrichters. Ich ging zum Feldschiedsrichter und fragte ihn, wie er den Paß gesehen habe. ›Jim‹, sagte er, ›es bestand Körperkontakt, aber ich bin der Ansicht, daß beide den Ball fangen wollten.‹ Ich darauf: ›Es gab also deiner Meinung nach keine Behinderung?‹ ›Genau. Soll ich zu Shula rübergehen und ihm das sagen?‹ Ich lachte und sagte: ›Wenn du das jetzt tust, ist dir eine ordentliche Lektion sicher. Bleib lieber hier.‹

Ich lief also wieder zurück, um mit Shula zu reden, der drei, vier Meter innerhalb des Spielfelds stand. Das ist für Coaches verboten, aber Shula scheint das manchmal zu vergessen. Als er mich sah, begann er sofort, rumzuschreien, doch ich wies ihn an, erst einmal das Spielfeld zu verlassen. Schließlich stand er wieder am Spielfeldrand. Ich verschränkte meine Arme auf dem Rücken, setzte eine strenge Miene auf und sagte: ›Kann ich Ihnen behilflich sein, Coach?‹ Er darauf: ›Das war eine Behinderung. Der Verteidiger hat unseren Receiver gestoßen, darüber besteht überhaupt kein Zweifel!‹ Ich erwiderte ganz ruhig: ›Ich habe gerade mit dem Feldschiedsrichter gesprochen, und er sagt, daß zwar Körperkontakt bestand, es aber keine Behinderung war.‹ Shula sagte: ›Tunney, du bescheißt mich jetzt schon seit achtzehn Jahren!‹ Ich daraufhin: ›Nein, Coach, seit neunzehn.‹ Da mußten wir beide lachen, und der ganze Ärger war vergessen.«

■ Ken BLANCHARD

■ BLANCHARD

Meine Mutter erzählte, daß ich lachte, bevor ich weinte, sang, bevor ich sprach, und tanzte, bevor ich lief. Ich war ein fröhliches Kind. Lachen war ein Teil meiner Kindheit. Es kam allerdings auch die Zeit, in der ich feststellte, daß Lachen Streßsituationen entkrampfen und sogar für die Entwicklung von Führungsqualitäten eine wichtige Rolle spielen kann. Ich hatte eine interessante Jugend. In New Rochelle, New York, ging ich auf eine Grundschule, die zu 95 Prozent von jüdischen Kindern besucht wurde. An jüdischen Feiertagen steckte man alle Nichtjuden in ein gesondertes Klassenzimmer – so wenige gab es von uns. In der sechsten Klasse nahmen wir an den städtischen Basketball-Wettkämpfen teil. Im Endspiel traten wir gegen eine Grundschule an, deren Schüler zu 95 Prozent schwarz waren. Die gegnerische Mannschaft hatte einen großen Kerl mit Namen Earl Forte in ihrem Team. Alle seine Kameraden nannten ihn Meatball. Er überragte uns um einiges.

Ich war immer ein guter Werfer, und an diesem Tag klappte einfach alles – fast jeder Wurf landete im Korb. Wir gewannen das Spiel. Als ich mich nach dem Spiel umziehen wollte und an Earls Spind vorbeikam, sagte ich: »Nettes Spielchen, Meatball!« Er wirbelte herum, packte mich an meinem Trikot und knallte mich gegen den Spind. »So nennen mich nur meine Freunde!« schrie er. Ich weiß nicht, wo ich als Junge die Beherrschung herhatte, aber ich lachte und entgegnete: »Warum werden wir dann nicht Freunde?« Er begann zu lachen und ließ mich runter. »Du bist okay.« Aus beiden Grundschulen setzte sich unsere spätere Junior-High-School zusammen. Als ich in der siebten Klasse zum Klassensprecher kandidierte, leitete Earl meine Kampagne. Wir blieben während unserer gesamten Schulzeit gute Freunde.

Ich glaube, heutzutage nehmen sich Unternehmensangehörige zu wichtig. Sie scheinen alle keinen Humor zu haben. Ein nettes Lächeln oder ein Lachen sieht man in den Mauern der meisten Unternehmen äußerst selten. Es ist schwer, mit Menschen offen und ehrlich umzugehen, wenn ihr Ego oder Stolz so leicht zu verletzen ist. Feedback ist das Frühstück der Champions, aber es kann nur in einer Umgebung wirksam sein, in der die Menschen nicht ständig das Gefühl haben, sich verteidigen zu müssen. Wo fängt der Sinn für Humor an? Bei Ihnen selbst. Wir müssen zuerst lernen, über uns selbst zu lachen. Menschen sind ja schließlich lustige Kreaturen. Ich feiere in unserem Unternehmen zusammen mit meinen Mitarbeitern meine runden Geburtstage. Meine Mitarbeiter amüsieren sich prächtig dabei, meine Eigenarten mit Sketches und anderen Späßen auf die Schippe zu nehmen. Margie sagt: »Es scheint, ich habe einen Mann mit Charakter geheiratet.« Zu meinem vierzigsten Geburtstag war meine Mutter bei den Festivitäten anwesend. Als alle begannen, sich über mich lustig zu machen und zu lachen, drehte sie sich zu mir um und fragte: »Warum lachen alle über dich? Du bist doch der Chef!« Doch ich war immer stolz darauf, daß meine Mitarbeiter sich in unserem Unternehmen wohlfühlen und keine Hemmungen haben, sich über mich lustig zu machen. Wir nehmen uns dadurch nicht *zu* ernst.

Wenn ich das Gefühl habe, daß ich mich zu ernst nehme, gehe ich Seilspringen. Früher ging ich joggen, doch mein Knie begann mir Probleme zu machen. Mir wurde geraten, zu gehen, aber ich fand es nicht anstrengend genug. Vor einigen Jahren sprach ich mit einem Arzt des Olympischen Komitees. Er schlug mir Seilspringen vor. Er sagte, es sei anspruchsvoller als Gehen, und die Verletzungsgefahr sei geringer als beim Laufen, denn ein Fuß hat immer Bodenkontakt. Sie sollten sehen, wie mich die Leute anstarren, wenn sie mich die Straße entlangspringen sehen. Es ist unmöglich, Seil zu springen, ohne dabei zu lachen. Wer springt denn gerne Seil? Kinder. Einer meiner Freunde, Tom Crum, Autor des Buches »The Magic of Conflict«, hat im Rahmen seiner Tätigkeit als Kampfsportlehrer viel mit Jugendlichen zu tun. Er erzählte mir, daß er bei Kleinkindern nie fragt, wer sich freiwillig melden würde, weil sich alle melden. Sie haben keine Angst, sich lächerlich zu machen. Bei Jugendlichen im High-School-Alter muß er seine Freiwilligen heraussuchen, weil niemand eine schlechte Figur abgeben will.

Das gleiche passiert, wenn ein kleines Kind mit einem Golfschläger herumspielt und den Ball verfehlt. Es lacht und ruft seinen Freund zu sich rüber. Wenn ein Erwachsener vorbeischlägt, erschrickt er und schaut sich um und hofft, daß niemand sein Mißgeschick bemerkt hat. Wir scheinen das Kind in uns und unseren Mitmenschen zu unterdrücken.

Wie Tom Crum sagt, richten wir unser Handeln mehr im Hinblick auf das Urteil denn auf Entdeckungen aus. Wenn es nur darum geht, etwas richtig oder falsch zu machen, werden wir nie »Ist das nicht interessant!« ausrufen können. Crum gibt jeden Winter in Aspen einen Kurs mit dem Titel »The Magic of Skiing«. Wenn seine Schüler die Abfahrt runterfahren und zu stürzen drohen, fordert er sie auf, den Sturz mit einem lauten »Ja« und einem Lächeln zu begrüßen. Es ist erstaunlich, wie sanft man im Vergleich zu den Schifahrern fällt, die versuchen, dabei gut auszusehen und völlig verspannt sind. Diese Methode hat sich erstaunlich gut in der Vermeidung von Verletzungen bewährt, die sehr oft von einer Verspannung der Muskeln herrühren.

Mitarbeiter, die immer versuchen, eine gute Figur abzugeben, werden sich dabei die Finger verbrennen. Als ich mit Norman Cousins, dem Autor von »Anatomy of Illness«, zusammenarbeitete, sagte er mir: »Gehe nie ins Krankenhaus, wenn du krank bist. Das Essen ist miserabel, der Fernseher hängt oben an der Decke und du verrenkst dir deinen Hals, außerdem wirst du ständig aufgeweckt und bekommst Injektionen. Gehe statt dessen in ein gutes Hotel mit einem guten Zimmerservice und bestelle dir Krankenschwestern und Ärzte, wann du es willst.« Als Cousins an Krebs erkrankte, tat er genau das. Er empfing niemanden, es sei denn, man hatte einen lustigen Film dabei oder ein paar Witze auf Lager. Durch sein Lachen besiegte er den Krebs und bewies die Heilkraft von Humor.

Einer der Gründe, warum es Freude macht, Shula und die Miami Dolphins zu beobachten, ist, daß sie mit großem Ernst nach dem Sieg trachten, aber beim Training in den Umkleidekabinen und abseits des Spielfelds Humor den Ton angibt. Auf diese Weise wird ein Sieg zu einer schönen Zugabe, und Niederlagen werden nicht zu einer Tragödie.

Mein Lebensziel ist es, angewandte Verhaltenspsychologie zu praktizieren. Ich möchte die Verhaltenspsychologie aus ihrer wissenschaftlichen Ecke herausholen und der Allgemeinheit zugänglich machen, damit jeder ihre Erkenntnisse nutzen kann.

■ Ken BLANCHARD

■ BLANCHARD

Nun, das war's. Das waren die fünf Coachinggeheimnisse von Don Shula und mein Versuch, sie auf den unternehmerischen Bereich zu übertragen. Ich bin der Ansicht, daß unser Land mehr Führungskräfte braucht, die

1. zu ihren Prinzipien stehen und von dem, was sie tun, überzeugt sind;
2. bereit sind, die Ärmel hochzukrempeln, und alles daransetzen, um das gesteckte Ziel zu erreichen. Sie glauben an Overlearning, an Perfektion durch ständiges Training;
3. einen Spielplan haben, den sie allerdings je nach Situation modifizieren können, die also handlungsorientiert, aber anpassungsfähig sind;
4. vorhersehbar auf Leistung reagieren, die loben, korrigieren und kritisieren in angemessener Weise. Sie sind in ihrem Verhalten konsequent;
5. ehrlich in ihrem Umgang mit anderen sind, deren Handeln also von moralischen Prinzipien geleitet ist.

Nun, da Sie unsere Philosophie des Coaching gelesen haben und wissen, wie das Konzept sich auf verschiedene Situationen übertragen läßt, sollten Sie in den Spiegel schauen und Ihre eigenen Coachingqualitäten überprüfen. Dies geschieht in zwei Schritten: die Vergangenheit analysieren und die Zukunft planen.

Immer wenn ich die Gelegenheit habe, einen erfolgreichen Menschen und das Geheimnis seines Erfolges zu studieren, reflektiere ich automatisch über die Vergangenheit. Persönliche Erfahrungen – positiv wie negativ – gehen mir dabei durch den Kopf.

EIN NEGATIVBEISPIEL

Als ich anfing, mich mit Shulas Coachingmethode zu beschäftigen, erinnerte ich mich an meine erste Lehrtätigkeit an der Ohio University. Frisch von der Universität, erhielt ich eine Stelle als Verwaltungsassistent des Dekans der Business School, Harry Everts. Mein Vorgesetzter verlangte, daß seine Assistenten zumindest einen Kurs abhielten. Er schickte mich in das Management-Department und bat den Fachschaftsleiter, mir eine Klasse zuzuteilen. Ich hatte nie ans Unterrichten gedacht. Auf dem College hatten mir meine Professoren gesagt, daß ich nie ein Collegeprofessor werden könnte, da mein Schreibstil nicht akademisch genug war. (Dies ist jedoch, wie ich später herausfand, der Grund, warum die Leute mich verstehen.) Ich mußte mir daher schnell eine Lehrmethode zurechtlegen. Als Student hatte ich mich immer gegen den autoritären Unterrichtsstil gewehrt, also beschloß ich, besonders »studentenfreundlich« zu sein. An meinem ersten Unterrichtstag sagte ich zu den Studenten: »Mein Name ist Ken Blanchard. Ich werde euch in diesem Kurs unterrichten. Ihr könnt mich Ken nennen. Wir werden diesen Kurs gemeinsam gestalten. Macht euch keine Sorgen um eure Noten – ihr müßt euch schon etwas Besonderes einfallen lassen, um etwas Schlechteres als ein A zu bekommen.«

Ferner erklärte ich den Studenten, wie ich den Kurs gestalten wollte: »Wenn ihr währenddessen etwas anderes vorhabt, dann tut dies bitte. Kommt in den Unterricht, wenn ihr am Unterricht auch teilhaben wollt. Wenn nicht, werde ich am Ende des Kurses einen Test vorbereiten, dem der Stoff des Lehrbuchs zugrunde liegt. Das Testergebnis gilt dann als Abschlußnote.« Nach meinen einleitenden Bemerkungen forderte ich diejenigen, die den Test am Ende des Kurses machen wollten, auf, zu gehen. Zu meiner Überraschung schrumpfte die Zahl der Anwesenden von 110 auf 8 Studenten. Sie rannten mich fast um, als sie zur Tür strömten und riefen: »Wir haben etwas anderes zu tun!« Sie erzählten allen ihren Freunden davon, worauf der Zulauf so groß war, daß nach einer Weile keine weiteren Studenten mehr zugelassen wurden. Im nächsten Semester setzte mein Dekan mich nicht mehr als Lehrkraft für diesen Kurs ein, denn praktisch jeder Student wollte daran teilnehmen. Mein Vorgesetzter hielt mir eine Standpauke über die Vorzüge der Anwesenheitspflicht. Ich wurde dafür bekannt, daß ich Noten verschenkte – dies verärgerte meine Kollegen, die sich wirklich Mühe gaben. Man unterstellte mir, ich wollte mich bei meinen Studenten einschmeicheln. Wenn ich den Fahrstuhl bestieg, wandten sich meine Kollegen von mir ab. Ich war bei meinen Studenten beliebt, aber ich wurde weder von ihnen noch von meinen Kollegen respektiert. Beim Abschlußexamen fielen die Ergebnisse weit unter dem Durchschnitt aus. Die Studenten kannten sich in der Materie nicht aus.

Können Sie sich vorstellen, was Don Shula gemacht hätte, wenn ich einer seiner Assistenten gewesen wäre? Ich war ohne Zweifel kein guter Coach.

EINE ERFOLGSGESCHICHTE

Vor einigen Jahren beschlossen mein Freund Carlos Arbelaez und ich, das Training des Fußballteams, in dem unsere Söhne mitspielten, zu übernehmen. In unserer südkalifornischen Gemeinde ist Jugendsport eine große Sache. So beginnt beispielsweise jede Saison mit einer Besprechung, zu der sich die Coaches treffen, um zu beratschlagen, wen sie in ihr Team aufnehmen wollen. Sie schreiben die Nummern der Vorauswahl auf Zettel und losen dann die Spieler aus, genau wie in der NFL oder NBA. Weder Carlos noch ich konnten bei dieser Auswahl dabei sein, und wir baten daher die Organisatoren der Liga, jemanden zu beauftragen, unser Team zusammenzustellen, in dem auch unsere Söhne David und Scott mitspielen sollten. In unserer Gruppe von zehn- bis zwölfjährigen unterschiedlich talentierten Jugendlichen befanden sich zwei ausgezeichnete Spieler. Die Coaches wollten die beiden allerdings nicht in ihrem Team haben, denn sie waren sehr undiszipliniert. Sobald wir unseren Dienstplan erhalten hatten, riefen wir die Eltern an, um sie und ihre Söhne bei mir zu Hause zu einem Treffen einzuladen. Wir sagten den Eltern folgendes: »Wir wollen Ihnen mitteilen, was wir vorhaben, damit Sie sich entscheiden können, ob ihr Sohn für uns spielen soll oder nicht.« Damit stifteten wir Verwirrung, denn die Eltern gingen davon aus, daß ihre Söhne bereits in das Team aufgenommen worden waren. Wir erklärten, daß Carlos (der in seiner Collegezeit selbst Fußball gespielt hatte) für das Training verantwortlich sein würde, während ich mich um die zwischenmenschlichen Beziehungen kümmern wollte. Wir teilten die Rollen beim Fußball in vier Sparten auf:

(1) da gab es die Spieler, die Shorts trugen und spielten;
(2) dann gab es die Coaches, die am Spielfeldrand auf und ab liefen;
(3) dann die Schiedsrichter in den gestreiften Hemden mit Trillerpfeifen und schließlich
(4) die Eltern, die auf der Tribüne saßen und die Spieler anfeuerten.

Wir machten klar, daß jeder diese Rollenverteilung einzuhalten hatte. Die Jungen durften beispielsweise nicht die Rolle des Schiedsrichters übernehmen. Die Eltern auch nicht, und ebensowenig war es ihre Aufgabe, das Team zu coachen. Sie waren auch ganz sicher zu alt, um zu spielen.

Nachdem dieses Thema abgehakt war, präsentierten wir den Leuten unsere Vision. Wir hatten vier Lernziele:

1. Spieltechnik. – Carlos war erfahrener Fußballspieler und bereit, den Jungen die Grundkenntnisse beizubringen;
2. Teamwork und Kooperation. – Fußball ist kein Individualsport. Die Jungen mußten lernen, in einem Team zu spielen;
3. Fairneß. – Wir waren der Meinung, daß dies eine der wichtigsten Eigenschaften war, die die Jungen an erster Stelle lernen sollten. In ihrem Alter war der Sieg noch nicht wichtiger als ein gutes Spiel.
4. Freude. – Manchmal geht der Spaß im Wettkampf verloren. Da unsere Spieler in erster Linie einmal Kinder waren und erst in zweiter Spieler, wollten wir, daß sie vor allem Spaß am Spiel hatten.

Einer aus der Elternschaft hob die Hand und fragte: »Und gewinnen wollen Sie nicht?« Ich erwiderte: »Das wird das Resultat aus den vier Grundsätzen sein. Wenn wir den Jungen die Grundlagen vermitteln können, Teamgeist und Kooperationsbereitschaft, Fairneß und Spaß am Spiel, dann werden die Santos (unser Team) eine Reihe von Spielen gewinnen. Wir werden allerdings ganz bestimmt nicht zulassen, daß eines dieser Lernziele beim Versuch, einen Sieg zu erreichen, vernachlässigt wird.«

Carlos und ich erläuterten sodann, was wir damit meinten. Wenn ein guter Spieler sich nicht an die Regeln hält, würde er sich das Spiel von der Ersatzbank aus ansehen müssen. Wenn ein Spieler sich in den Vordergrund drängen wollte und keinen Teamgeist zeigte, dann müßte auch er für eine Weile auf das Spiel verzichten. Wir würden darauf achten, daß jeder Spieler gleich oft zum Einsatz kommt. Wenn erfahrene Spieler gewinnen wollten, mußten sie Anfängern unter die Arme greifen und sie coachen. Hier war das ganze Team angesprochen. Etliche Eltern und Jungen schienen skeptisch, aber sie stimmten alle zu, sich an die Grundsätze zu halten.

Nach dem Meeting sprachen wir mit Kevin und Mike – den zwar talentierten, aber dennoch »problematischen« Spielern – darüber, daß wir uns mit ihnen vor Beginn des Trainings treffen wollten. Wir verabredeten uns am nächsten Tag in einer Eisdiele. Als die beiden eintrafen, waren sie auf Ermahnungen gefaßt. Doch wir brachten sie völlig aus dem Konzept, denn wir sagten: »Es freut uns sehr, euch in unserem Team zu haben. Wir würden euch gerne zu unseren Assistenztrainern machen.« Die Jungen strahlten ungläubig.

In den Trainingsstunden vor Beginn der Saison stellte Carlos lustige Drills zusammen, um den Jungen die Grundlagen zu vermitteln: Kicken, Passen, Trippeln, Abblocken etc. Oft setzte er Kevin und Mike zu einer Demonstration ein. Er und ich beobachteten dann unsere Spieler und lobten oder korrigierten anschließend ihre Spielweise. Wir wollten sicher sein, daß die Spieler die Grundlagen beherrschten. Nach wenigen Trainingsstunden entschieden wir, wer auf welcher Position spielen sollte.

Als das erste Spiel näherrückte, begann Carlos mehr an der Teamarbeit zu feilen und an der Bedeutung der einzelnen Positionen für den Erfolg des gesamten Teams. Wir arrangierten eine ganze Reihe von Freundschaftsspielen, damit die weniger erfahrenen Spieler die Gelegenheit erhielten, noch vor Saisonbeginn ein wenig Erfahrung zu sammeln. Nachdem die Saison begonnen hatte, verfaßten wir wöchentlich einen Newsletter, in dem wir das letzte Spiel zusammenfaßten, das Teamspiel und die Leistungen der einzelnen Spieler lobten. Mein Lob zielte besonders auf den zwischenmenschlichen Aspekt und das Sozialverhalten der einzelnen Spieler. Ich schloß jeden Newsletter mit Bemerkungen über Möglichkeiten, wie jeder einzelne Spieler und auch das Team insgesamt die Leistungen verbessern könnten. Die Artikel waren in einem legeren Ton verfaßt und wurden den Spielern nach Hause geschickt. So hatte jeder das Gefühl, mit einbezogen zu werden, und wir verloren dadurch nicht die eigentlichen Ziele aus den Augen.

Eines Tages mußte ich eine Lektion in Sachen Anpassungsfähigkeit und Spieltaktik lernen. Carlos, mein Partner und der Fußballspezialist unseres dynamischen Duos, konnte bei unserem wichtigsten Spiel der Saison nicht dabei sein. Er hatte geschäftliche Verpflichtungen und hielt sich nicht in der Stadt auf. Bis jetzt hatten wir jedes Spiel gewonnen, doch diesmal traten wir gegen den besten Coach der Liga an, dessen Team bisher ebenfalls alle Spiele gewonnen hatte. Ich war ziemlich nervös. Ich wußte zwar etwas über Sozialverhalten, aber mit Fußball kannte ich mich nicht aus. Doch unsere zwei Assistenztrainer, Kevin und Mike, erwarteten mich schon, als ich auf den Platz kam. Erinnern Sie sich an die beiden? Sie sagten: »Mr. Blanchard, wir dachten, Sie sind vielleicht ein bißchen nervös, wir wollten Ihnen nur sagen, daß Sie sich keine Sorgen zu machen brauchen. Wir haben alles unter Kontrolle.« Während des Spiels spielten unsere Kids um ihr Leben, und Mike und Kevin gaben die Anweisungen. In einer Zeit von weniger als drei Minuten erzielten wir das 2 : 1. Sofort tauschten Mike und Kevin ihre Plätze mit Verteidigern. Das verwirrte mich, und ich rief: »Was ist denn los?« Mike sagte: »Wir verstärken nur unsere Defensive, damit wir unsere Führung verteidigen können.«

»Klingt hervorragend«, sagte ich mit einem Lächeln. Ich weiß nicht, was ich ohne die beiden gemacht hätte. Jedenfalls haben wir das Endspiel gewonnen und wurden zum Tabellenführer unserer Liga. Wir hielten immer an unserer Vision und unseren Überzeugungen fest. Unser Team wuchs zu einer Einheit aus Eltern, Kindern und Coaches zusammen. Ich glaube, Don Shula wäre stolz auf uns gewesen. Wir hatten alle fünf Erfolgsgeheimnisse in die Tat umgesetzt.

Lernen läßt sich als Verhaltensänderung definieren. Solange etwas nicht in die Tat umgesetzt, das heißt angewandt wird, ist es auch nicht gelernt.

■ Don SHULA und
Ken BLANCHARD

■ SHULA & BLANCHARD

»Wer hat je an Sie geglaubt?« So lautete die Frage, die der Leiter eines Managementseminars den Teilnehmern stellte. Einer davon erzählte darauf folgende Geschichte: »Als Teenager mähte ich immer den Rasen unserer Nachbarn. Einmal machten sie einen dreiwöchigen Urlaub, und ich sollte ihr Haus hüten. In dem Moment, in dem sie mir den Hausschlüssel in die Hand drückten, verspürte ich etwas, das ich noch nie zuvor verspürt hatte. Sie vertrauten mir, und ich wollte die Aufgabe, so gut ich konnte, erfüllen – und das tat ich auch.«

Wer hat je an Sie geglaubt? Für Don war es Paul Brown, sein Footballcoach und Mentor. Ken Blanchard hatte seine Miss Symmes, die in ihm den Autor erkannte. Vielleicht gibt es auch in Ihrem Leben jemanden, der etwas gesagt oder getan hat, das einen Funken auf Sie überspringen ließ. Die Vision dieser Person in bezug auf Ihre Fähigkeiten hat in Ihnen etwas ausgelöst. Sie sagten sich: »Nun, wenn die denken, daß ich es kann, kann ich es vielleicht tatsächlich.« Sie waren aufgefordert, in sich zu gehen und sich zu bemühen, diese Vision von Ihren Fähigkeiten zu verwirklichen. Und siehe da, Sie schafften es!

Die Frage ist: Wie können Sie in anderen diesen Funken auslösen? Im Laufe Ihres Lebens werden sich viele Möglichkeiten bieten. Sie werden als Manager, Vater oder Mutter, Coach oder Leiter einer Pfadfindergruppe automatisch damit konfrontiert werden. Die Erfolgsgeheimnisse in diesem Buch sollen Ihnen helfen, diesen Herausforderungen gewachsen zu sein.

Als 1994 Heather Whitestone zur Miss Amerika gewählt wurde, interessierte man sich für ihren Background. Wie hatte eine junge Frau, die seit Geburt taub war, es geschafft, alle anderen hübschen und talentierten Mitbewerberinnen auszustechen? Heathers Geheimnis war der Glaube und das Vertrauen, das ihre Mutter in sie setzte. Daphne Gray weigerte sich, die Taubheit ihrer Tochter als Handikap hinzunehmen. Daphnes Glaube, daß Heather alles tun könnte, wenn sie wollte, übertrug sich auf das Mädchen und spornte es zu Spitzenleistungen an. Diese moderne Erfolgsgeschichte erinnert an eine andere: Die Lehrerin von Helen Keller – der bekannten Schriftstellerin, die Gehör und Augenlicht im Alter von 19 Monaten verloren hatte – nahm sich des gesellschaftlich bereits verlorengegebenen Mädchens an und weckte in ihm den Glauben daran, daß alles möglich sei. Aus Helen wurde eine überaus weise Frau und ein Vorbild für viele.

Ihre Rolle wird Sie also ganz automatisch mit Coachingmöglichkeiten konfrontieren. Doch hören Sie an diesem Punkt nicht auf. Es werden sich täglich und überall noch mehr Möglichkeiten auftun, die Fähigkeiten anderer Menschen zu fördern, vorausgesetzt, Sie halten die Augen offen. Als Norman Vincent Peale im Waldorf Astoria seinen neunzigsten Geburtstag feierte, erwähnten viele der Redner, welche Rolle er in ihrem Leben gespielt hatte. Als der Ehrengast sich erhob, um zu sprechen, erzählte er eine Geschichte, die für sein gesamtes Leben als Coach so vieler Menschen typisch ist. Hier ein Auszug aus Normans Rede:

> *Kürzlich kam ich im Flugzeug neben einem Geschäftsmann zu sitzen, der recht bekümmert dreinsah. Ich begann eine Unterhaltung mit ihm:*
> *»Wie geht es Ihnen«, fragte ich. »Ach, nicht so gut«, war die Antwort. »Was ist los?« »Ich bin gerade befördert worden.« »Was ist daran so schlimm?« »Ich bin mir nicht sicher, ob ich den Anforderungen gewachsen bin.« »Na, bestimmt.« »Warum, wie wollen Sie das wissen?« »Weil es so ist, wenn Sie nur daran glauben!«*

Darauf gab ich ihm den Tip, jeden Tag in der Früh »Du kannst es, du schaffst es!« zu singen. Als wir landeten, war der Mann bereits in einer ganz anderen Verfassung.

Das ist der Beweis. Sie können sogar einen vollkommen Fremden coachen. Es bietet sich ein Ansatzpunkt, und Sie ergreifen die Gelegenheit. Das kann bei einem Gespräch mit dem Nachbarskind sein oder dem Verwandten eines Freundes oder einem Mitarbeiter oder einer anderen Person. Wenn Sie etwas zu einer Person hinzieht, sollten Sie diesem Gefühl vertrauen. Teilen Sie Ihre Vision mit anderen, wie Norman es getan hat. Es kann sein, daß Sie dem Leben dieser Person eine völlig neue Wendung geben. Das, worauf es beim Coaching ankommt, ist nicht Talent, Persönlichkeit, Stolz oder Ehrgeiz, sondern, daß Sie an das Potential dieses Menschen glauben und alles daransetzen, damit er es voll ausschöpfen kann.

ENTWICKLUNG VON FÄHIGKEITEN

Dieses Buch kann Ihnen bei einer Analyse der Vergangenheit – der Erfolge und Niederlagen – behilflich sein. Doch es gibt noch einen anderen Aspekt der Selbsteinschätzung. Es geht um die Planung der Zukunft und darum, festzustellen, inwieweit sich Ihre Coachingmethode mit den Erfolgsgeheimnissen von Don Shula deckt. Wenn Sie das getan haben, können Sie festlegen, wie Sie das, was Sie in diesem Buch gelernt haben, in die Tat umsetzen können, während Sie Ihre Mitmenschen zu Spitzenleistungen motivieren.

Auf den folgenden Seiten haben wir für Sie einen Test zusammengestellt, der Ihnen helfen wird, Ihre Coachingmethode zu verbessern und Ihre Fortschritte zu verfolgen.

Jedes der fünf Erfolgsgeheimnisse wird einzeln aufgeführt. Das Geheimnis ist dann in eine Reihe von Unterpunkten aufgegliedert. Jeder dieser Punkte wird in mehrere Fragen unterteilt. Sie sollen Ihnen analysieren helfen, wie Ihre Leistung in dieser Hinsicht gesteigert werden kann. Wenn Sie eine Frage nicht beantworten können, ist dies wahrscheinlich ein guter Ansatzpunkt für Ihre Weiterentwicklung.

Nachdem Sie sich die einzelnen Fragenblöcke durchgelesen haben, gehen Sie wieder zum Ausgangspunkt zurück und überlegen Sie, ob dieser Bereich zu Ihren Stärken zählt, oder ob Sie hier noch an sich arbeiten müssen. Sie können so ein Diagramm erstellen, inwieweit Sie diese Einzelheiten in Ihren Coachingalltag einbringen.

Sie können mit Hilfe des Tests auch einen Plan zur Verbesserung Ihres Coachings zusammenstellen. Gehen Sie folgendermaßen vor:

1. Bewerten Sie Ihre Leistung in den verschiedenen Bereichen. Das ist die Basis für Ihre Weiterentwicklung.
2. Wählen Sie einen oder zwei Bereiche aus, an denen Sie arbeiten wollen. Üben Sie einige Wochen und versuchen Sie, das Gelernte anzuwenden.
3. Wählen Sie einen anderen Bereich, in dem Sie sich verbessern wollen, und üben Sie noch mehr. Arbeiten Sie sich auf diese Weise durch jeden Bereich durch.
4. Verteilen Sie den Test an Ihre Mitarbeiter und fordern Sie sie auf, Ihnen Feedback zu geben (wenn nötig anonym). Bitten Sie Ihre Mitarbeiter zu einem späteren Zeitpunkt ein zweites Mal um Feedback, um zu überprüfen, ob Sie Fortschritte gemacht haben.

TEST

ÜBERZEUGUNG

1. Formulieren Sie eine Vision.

   Meine Stärke: _____; das muß verbessert werden _____.

   - Welche Vision haben Sie für Ihr Unternehmen, Ihre Abteilung, Ihr Team oder Ihre Familie?

     ____

     ____

   - Welche Überzeugungen stehen hinter dieser Vision?

     ____

     ____

   - Welche Art von Team bauen Sie auf? Wie deutlich haben Sie Ihre Vision vermittelt?

     ____

     ____

   - Wie wichtig ist es im Rahmen Ihres Spielplans, daß die Arbeit Spaß macht?

     ____

     ____

2. Sie bleiben bei Mißerfolg und Erfolg auf dem Boden der Tatsachen.

   Meine Stärke: _____; das muß verbessert werden _____.

   ■ Welche Bedeutung hat Erfolg für Sie?

   ____

   ____

   ■ Welche Bedeutung hat Mißerfolg für Sie?

   ____

   ____

   ■ Sind Sie im Falle einer Niederlage am Boden zerstört, oder sehen Sie darin eine Möglichkeit, etwas zu lernen?

   ____

   ____

   ■ Wie steht es mit Ihrer Fähigkeit, sich nach einer Niederlage wieder zu erfangen?

   ____

   ____

3. Führen durch Beispielgebung.

   Meine Stärke: _____; das muß verbessert werden _____.

   - Inwiefern sind Sie für Ihre Mitarbeiter ein Vorbild?

     ____

     ____

   - Verlangen Sie von anderen Dinge, die Sie selbst nicht tun würden?

     ____

   - Wieviel Zeit und Energie sind Sie bereit, in diese Aufgabe zu investieren?

     ____

     ____

   - Sind Sie engagiert oder nur interessiert?

     ____

4. Respekt geht vor Popularität.

   Meine Stärke: _____; das muß verbessert werden _____.

   - Wie wichtig ist es für Sie, bei anderen beliebt zu sein?

     ____

- Inwiefern bringen Sie sich in Ihr Team ein?

- Welche Qualitäten schätzen Ihre Mitarbeiter an Ihnen?

- Für welche Qualitäten wollen Sie bei Ihrem Team in Erinnerung bleiben?

---

5. Charakter nimmt den gleichen Stellenwert wie Talent ein.

   Meine Stärke: _____; das muß verbessert werden _____.

   Auf welche Kriterien achten Sie, wenn Sie jemanden in Ihr Team aufnehmen?

- Was ist für Sie wichtiger: Charakter oder Talent?

- Sind Ihre Entscheidungen eher von langfristigen oder eher von kurzfristigen Überlegungen abhängig?

  ____

6. Freude an der Sache.

   Meine Stärke: _____; das muß verbessert werden _____.

- Wofür würden Sie ohne Bezahlung vollen Einsatz erbringen?

  ____

  ____

- Sind Sie froh, wenn Ihr Coaching zu Ende ist, oder wenn es anfängt?

  ____

- Ist Coaching für Sie Arbeit, oder eine Möglichkeit, Erfüllung zu finden?

  ____

OVERLEARNING

1. Einschränkung der Trainingsziele Ihrer Spieler.

   Meine Stärke: _____; das muß verbessert werden _____.

- Wie viele Aufgaben müssen Ihre Mitarbeiter gleichzeitig erledigen?

____

- Inwieweit fördern Sie Selbstüberprüfung und Selbstkorrektur?

____

____

- In welcher Weise ist in Ihrer Organisation gewährleistet, daß die wichtigsten Aufgaben für Ihre Mitarbeiter auch zugleich die dringlichsten sind?

____

____

2. Aufgabenbewältigung durch die Mitarbeiter.

Meine Stärke: ______; das muß verbessert werden ______.

- Wie deutlich sind Sie, wenn es darum geht, Ihre Mitarbeiter über deren Aufgaben zu informieren?

____

- Welchen Stellenwert hat das Konzept »Autopilot« bei der Leistung Ihres Teams?

____

3. Verringerung von Trainingsfehlern.

Meine Stärke: _____; das muß verbessert werden _____.

■ Wie wichtig sind »Trainingsfehler« für Sie?

____

____

■ Wie sorgfältig überwachen Sie die Leistung Ihres Teams?

____

____

■ Nach welchem Lehrplan gehen Sie vor?

____

____

4. Durch Übung ständige Steigerung der Leistung.

Meine Stärke: _____; das muß verbessert werden _____.

■ Wie wichtig ist es für Sie als Coach, daß Ihre Mitarbeiter sich weiterbilden?

____

____

- Inwieweit sind Sie selbst bereit, zu lernen und sich zu verändern?

____

____

- Inwieweit achten Sie darauf, Lücken zwischen Ihren Ansprüchen und Ihrer tatsächlichen Coaching-Leistung zu schließen?

____

____

FLEXIBILITÄT

Meine Stärke: ______; das muß verbessert werden ______.

- Wie flexibel sind Sie?

____

____

- Lassen Sie sich bei Entscheidungen manchmal von Ihrem Ego – Ihrem Verlangen, recht zu behalten oder zu gewinnen – leiten?

____

- Wie offen sind Sie für die Vorschläge anderer?

____

____

- Inwieweit bereiten Sie Ihre Spieler auf eine Änderung des Spielplans vor?

____

____

BESTÄNDIGKEIT

1. Konsequenzen managen.

Meine Stärke: _____; das muß verbessert werden _____.

- Wie sorgfältig überwachen Sie die Leistung Ihrer Mitarbeiter, damit Sie auf die Konsequenzen, die sich aus der Handlungsweise der Mitarbeiter ergeben, entsprechend reagieren können?

____

____

- Sind Sie beständig?

____

____

- Verhalten Sie sich in ähnlichen Situationen gleich – loben gute Leistungen und korrigieren oder kritisieren Leistungen, die Ihren Ansprüchen nicht gerecht werden?

____

____

2. Positive Reaktionen.

Meine Stärke: _____; das muß verbessert werden _____ .

- Wie wichtig ist Lob im Rahmen Ihrer Coaching-Strategie?

____

____

- Wie oft sind Sie zur Stelle, wenn Mitarbeiter eine gute Leistung erbringen, um ihnen auf die Schulter zu klopfen?

____

____

- Loben Sie zur rechten Zeit? Ist Ihr Lob spezifisch auf die jeweilige Leistung abgestimmt? Ist es ehrlich gemeint?

____

____

- Warten Sie in der Lernphase mit Lob und Anerkennung, bis Ihre Mitarbeiter genau verstanden haben, was Sie von ihnen erwarten?

____

____

3. Korrigieren.

Meine Stärke: ______; das muß verbessert werden ______.

- Greifen Sie korrigierend ein, wenn Sie merken, daß einer Ihrer Mitarbeiter etwas falsch macht?

____

- Reagieren Sie auf einen Fehler bei einem Anfänger anders als bei einem Profi?

____

____

4. Negative Reaktion.

Meine Stärke: ______; das muß verbessert werden ______.

- Sind Sie bereit, Menschen zu tadeln, wenn sie zwar »können«, aber nicht »wollen«?

____

____

- Wenn Sie jemanden rügen, bestätigen Sie ihm dann am Ende auch seine guten Leistungen in der Vergangenheit?

____

____

5. Vermeiden von Null-Reaktionen.

Meine Stärke: _____; das muß verbessert werden _____.

- Könnte man Ihnen vorwerfen, daß Sie gute Leistungen Ihrer Mitarbeiter ignorieren?

____

____

- Haben Sie sich jemals Ihren Leuten gegenüber wie eine Seemöve benommen – sind hereingestürzt, haben Krach geschlagen, jeden angebrüllt und sind dann wieder »davongeflogen«?

____

____

INTEGRITÄT

1. Integres Verhalten.

Meine Stärke: _____; das muß verbessert werden _____.

- Würden Sie sich als Mensch mit Prinzipien beschreiben?

  ____

- Inwieweit sehen Sie die Dinge in einem vernünftigen Verhältnis?

  ____

  ____

- Sind Sie ungeduldig? Wollen Sie immer alles sofort? Oder vertrauen Sie darauf, daß alles gut verlaufen wird?

  ____

  ____

- Wie gehen Sie in punkto Integrität mit gutem Beispiel voran? Sind Sie der Überzeugung, daß Integrität sich auszahlt – daß man auch ohne Tricks gewinnen kann?

  ____

  ____

2. Konsequentes Verhalten.

Meine Stärke: ______; das muß verbessert werden ______.

- Sind Sie in Ihrem Verhalten konsequent? Führen Sie das, was Sie gesagt haben, auch konsequent aus?

____

____

- Bringen Sie Ihren Mitarbeitern Vertrauen entgegen?

____

- Haben Sie das Gefühl, daß Ihre Mitarbeiter zu Ihnen ehrlich sind?

____

- Halten Sie Ihre Versprechen?

____

3. Humor.

Meine Stärke: ______; das muß verbessert werden ______.

- Welchen Stellenwert hat Humor im Rahmen Ihrer Führungsaufgaben?

____

- Waren Sie je die Zielscheibe von Humor? Können Sie über sich selbst lachen?

- Nehmen Sie Ihre Aufgabe ernst, aber sich selbst nicht zu wichtig?

Viel Glück! Die Coachinggeheimnisse, die Sie in diesem Buch erfahren haben, haben sich seit über drei Jahrzehnten bewährt. Wir hoffen, sie werden Ihnen helfen, morgen besser zu sein als gestern, nächste Woche besser als die Woche zuvor, nächsten Monat besser als den Monat zuvor, nächstes Jahr besser als das Jahr zuvor. Denken Sie daran, daß Coaching eine der wichtigsten Aufgaben ist, die Ihnen je zufallen wird. Andere Menschen zu Bestleistungen zu motivieren ist eine große Chance. Machen Sie's gut!